장군 이순신

「난중일기」를 통해 본 정도(正道)의 원칙

차례

Contents

들어가며

요즘 청소년들은 이전 세대에 비해 역사 상식이 부족하다. 교과과정에서 한국사와 세계사가 선택과목이 되었고, 구태여 역사를 뒤적여 공부할 필요를 느끼지 못하기 때문이다. 또 대부분의 학생들이 토익이나 토플 점수를 1점이라도 더 받아 좋은 직장에 취업하는 것만을 목표로 삼고 있는 상황도 여기에 한몫을 한다. 그러니 교과서나 학교를 통해서가 아니라 TV 드라마나 영화를 통해 역사를 배운다는 말이 심심찮게 들린다.

한 예로 2005년 천만 관객을 기록한 영화 〈왕의 남자〉에서 연산군 역을 맡았던 배우 정진영이 아버지인 성종을 '선왕'이라고 부르는 장면이 있었는데, 영화를 관람하던 여고생들이 고개를 갸웃거리며 "선왕이 누구야?"라고 서로 묻는 경우까지 있었다. 그 학생들은 연산군의 아버지가 성종이라는 사실도 몰랐던 것이다. 오늘날의 사람들이 역사에 얼마나 무지하고 관심이 없는가는 TV 예능 프로그램을 통해서도 확인할 수 있다. 오죽하면 대중적인 인기를 얻고 있는 예능 프로그램에서 현대사 강의를 진행할까?

그나마 다행인 것은 이렇게 역사 상식이 부족한 사람들이 많은 상황 속에서도, 적어도 한국인이라면 '이순신(李舜臣) 장군'을 모르는 사람은 없다는 사실이다. 한국사를 배우지 않았거나 학창 시절 국사 시간에 졸았던 사람도 '이순신 장군'의 이름은 익히 알고 있지 않은가.

지금까지 '이순신 장군'을 주제로 다룬 책이나 영상물은 수없이 많다. 그리고 그런 책들 대부분은 이순신 장군이 일본군과 싸워 거둔 승리를 찬양하는 데 초점을 맞추고 있다. 필자 또한 과거 그런 내용의 책을 여러 차례 집필한 바 있으나 이번만큼은 다른 시각에서 접근을 시도하고 싶었다.

이 책은 이순신 장군이 거둔 해전의 승리를 연대순으로 나열하는 무미건조한 방식에서 벗어나 한 인간으로서의 본연의 모습 그리고 그의 가족환경 및 생전과 사후에 그가 받은 평가들에 대해 분석하고자 한다. 특히 이순신의 조부인 이백록(李百祿)이 기묘사화(己卯士禍) 당시 사약을 받고 죽어 이순신이 역적의 집안에서 자랐다는 통설, 일본의 유명한 해군 제독 도고 헤이하치로(東鄕平八郎)가 이순신을 공개적으로 찬양했다는 이야기가 과연 사실인가에 대해서도 다루어 보려고 한다.

우리 역사를 통틀어 이만큼 유명하고, 또 이만큼 훌륭한 위인으로 칭송받는 이도 드물다. 그러니 이왕이면 좀 더 정확히 알고 있는 것이 좋지 않겠는가? 부디 이 책이 '장군 이순신'을 제대로 평가하고 이해하는 데 보탬이 될 수 있기를 희망한다.

이순신 그리고 가족

이순신을 알아보기 전에 우선 그와 가장 가까운 관계에 있던 사람들, 즉 그의 가족 이야기를 하지 않을 수 없다. 어떤 이의 가족환경이나 가족에 대한 태도는 그의 됨됨이나 성향을 파악하는 데 큰 도움이 된다. 이순신에게 가족은 어떤 의미였고, 그가 가족을 대했던 태도는 어떠했을까?

이순신 본인이 남긴 기록인 『난중일기』에서 가장 많이 언급되는 사람은 어머니 변(卞) 씨다. 이순신은 전라좌수사(全羅左水使)로 부임 받은 지 얼마 안 된 1592년 1월 1일부터 어머니에 대한 기록을 남기기 시작했다.

1592년 1월 1일

새벽에 아우 여필(여필)과 조카 봉, 아들 회가 와서 이야기했다. 다만 어머니를 떠나 남쪽에서 두 번이나 설을 쇠니 간절한 회포를 이길 길이 없다.

이순신은 전라좌수영에 근무하는 와중에도 연락선이나 부리던 종을 집으로 보내 종종 어머니의 소식을 알아보게 했다.

1592년 2월 14일

아산 어머니께 문안차 나장(하급 장교) 두 명을 내어 보냈다.

1592년 3월 4일

아산에 문안 갔던 나장이 돌아왔다. 어머니께서 편안하시다 하니 다행이다.

이순신은 어머니의 생신 잔치에도 참가하고 싶었으나 공무가 바빠 그러지 못해 후회하는 기록들도 남겼다. 본인이 직접 참석하지 못하면 대신 현지에서 얻은 선물들을 어머니께 보냈다.

1593년 5월 4일

오늘이 어머니 생신날이건만 왜적을 토벌하는 일 때문에 가서 축수의 잔을 올리지 못하니 평생 한이 되겠다.

1593년 5월 18일

종 목년이 게바우개(아산시 해포)에서 왔는데, 어머니께서 평안하시다고 한다. 곧 답장을 써 돌려보내며 미역 다섯 동을 함께 보냈다.

1595년 4월 24일

이른 아침에 아들 울과 조카 뇌, 완 등을 어머니 생신에 상 차려 드리는 일로 내어 보냈다.

이순신이 직접 남긴 기록인 『난중일기』. 임진왜란 연구에 있어 매우 중요한 자료다.

1595년 5월 21일

오늘은 꼭 본영에서 누군가 와 소식을 전하겠으나 당장 어머니 안부를 몰라 답답하다. 전복과 밴댕이 젓갈, 물고기 알 몇 점을 어머니께 보냈다.

어머니 변 씨는 나이가 많아 자주 병에 시달렸고, 이순신은 그게 늘 마음에 걸렸던 것 같다. 이순신은 『난중일기』에서 어머니의 병환은 물론 아주 사소한 문제들까지 걱정하는 모습을 보인다.

1595년 6월 19일

홀로 다락 위에 앉아 몽매간에 아들 면이 윤덕종의 아들 윤운로와 같이 왔는데, 어머니의 편지를 보니 병환이 완쾌되었다 하신다. 천만다행이다.

1595년 7월 초3일

밤 열 시쯤 탐후선이 들어왔다. 어머니께서 편안하시다고 하나 입맛이 없으시다 한다. 몹시 걱정이다.

때로 이순신은 어머니와 함께 늙어가는 자신의 얼굴을 보며 어머니를 생각하기도 했다.

1593년 6월 12일

아침에 흰 머리카락 여남은 올을 뽑았다. 흰 머리카락인들 어떠랴마는 다만 위로 늙으신 어머니가 계시기 때문이다. 종일 홀로 앉아 있는데, 사량만호(蛇梁萬戶)가 와서 보고는 돌아갔다.

그러다 다급한 공무가 없고 틈이 나면 이순신은 종종 어머니 변 씨를 뵈러 고향집에 갔다. 전쟁 중에 어머니를 뵙기 위해 고향에 가는 것이 가능하냐고 의아해 하는 분들이 있을지도 모르겠다. 그러나 임진왜란 7년 동안 단 하루도 쉬지 않고 전투가 이어진 것은 아니었다. 1593년 여름 즈음 일본군은 부산포 같은 한반도 남부의 거점 몇 군데만 남겨놓은 채

전남 여수시 웅천 '이충무공 자당(慈堂) 기거지'에 건립된 기념비.
이순신의 어머니 변 씨가 살던 옛 집터다.

대부분 일본 본토로 철수하기 시작했고, 조선군과 명나라 군대는 정유재란(丁酉再亂)이 일어나는 1597년까지 휴전에 들어간 상태였다. 그래서 이순신도 어머니를 만나러 고향에 갈 수 있었다.

> **1594년 1월 11일**
>
> 아침에 어머니를 뵙기 위해 배를 타고 바람 따라 바로 곰내(웅천)에 대었다. 남의길(南宜吉)과 윤사행(尹士行), 조카 이분(李芬)이 함께 가서 어머니를 뵈려 하니 어머니는 아직 주무시고 계셨다. 그러다 소란스러운 소리에 놀라 깨어 일어나셨는데, 기력은 약하고 숨이 금방 넘어갈듯 하셨다. 가실 때가 가까워진 것 같아 감출 수 없는 눈물이 절로 내렸다. 하지만 말씀하시는 데는 착오가 없으셨다. 적을 토벌하는 일이 급해 오래 머물 수가 없었다.

> **1596년 8월 12일**
>
> 종일 노를 바삐 저어 밤 열 시쯤 어머니 앞에 이르니 흰 머리카락이 부수수하신데 나를 보고는 놀라 일어나셨다. 기력은 숨이 곧 끊어질 듯해 아침저녁을 보전하시기 어렵겠다는 생각이 들었다. 눈물을 머금고 서로 붙든 채 밤새도록 위안하며 기쁘게 해드려 그 마음을 풀어 드렸다.

늘 마음을 쓰고 걱정했던 건 이순신뿐만이 아니었다. 어머니 변 씨도 아들의 이러한 상황을 잘 이해해주었다.

1594년 1월 12일

아침식사를 마친 뒤 어머니께 하직을 고하니 "잘 가거라. 부디 나라의 치욕을 크게 씻어야 한다"고 두 번 세 번 타이르셨으나 떠나보내는 것이 싫어 탄식하지는 않으셨다.

공무를 보는 와중에도 이순신은 종종 집 걱정을 했다. 그도 사람이었다. 자연히 집과 가정을 걱정하는 마음이 있었을 것이다.

1595년 5월 초8일

오늘 방답첨사(防踏僉使, 장린)가 들어와 아들들의 편지를 가지고 왔는데 "초나흘에 종 춘세가 잘못 불을 내어 집 열 채가 타버렸다. 다만 어머니께서 계신 집에는 불이 붙지 않았다"고 했다. 이거야말로 다행이다.

1595년 5월 16일

아침에 탐후선이 들어와 어머니께서는 편안하시다 하고, 아내는 실수로 불을 낸 뒤 마음이 많이 상해 담천(痰喘)이

더해졌다고 한다. 걱정이 된다. 비로소 조카 해(海) 등이 잘 간 줄을 알았다.

그러다 1597년에 들어 변 씨가 고령으로 점차 쇠약해지고 병마에 시달리자 이순신은 더욱 걱정이 많아지기 시작했다.

1597년 4월 11일

새벽꿈이 매우 번거로워 다 말할 수가 없다. 덕이를 불러 대충 말하고 또 아들 울에게 이야기했다. 마음이 몹시 불안하다. 취한 듯 미친 듯 마음을 걷잡을 수 없으니 이 무슨 징조인가! 병드신 어머니를 생각하니 눈물이 흐르는 줄도 몰랐다. 종을 보내어 소식을 듣고 오게 했다.

하지만 이순신의 불길한 예감은 적중했다. 4월 13일, 이순신은 어머니 변 씨의 죽음을 알게 되었다.

1597년 4월 13일

일찍 아침을 먹은 뒤 어머니를 마중가려고 바닷가로 가는 길에 홍찰방 집에 잠깐 들러 이야기하는 동안 아들 울이 종 애수를 보내면서 "아직 배오는 소식이 없다"고 하였다. 조금 있으니, 종 순화가 배에서 와 어머니의 부고를 전했다. 뛰쳐나가 가슴 치며 발을 동동 굴렀다. 하늘이 캄캄했다. 곧 갯바위(아산시 해암리)로 달려가니 배는 벌써 와 있었다. 애통함을 다 적을 수가 없다.

어머니의 부고를 접한 이순신은 장례를 치르기 위해 고향집으로 갔고, 아들과 조카들을 만났다. 그리고 지나가는 사람들의 조문을 받았다

1597년 4월 19일

일찍 길을 떠나며 어머니 영전에 하직을 고하고 울부짖었다. 천지에 나 같은 사정이 또 어디 있으랴! 일찍 죽느니만 못하다. 조카 뇌의 집에 이르러 조상의 사당 앞에서 아뢰었다. 금곡(연기군 대덕리) 강 선전의 집 앞에 이르러 강정과 강영수를 만나고 말에서 내려 곡했다. 그 길로 보산원(연기군 보산원리)에 이르니, 임천군수 한술은 서울로 가던 중 앞길을 지나다가 내가 간다는 말을 듣고 들어와 조문하고 갔다. 아들 회와 면, 울, 조카 해와 분, 완과 주부 변존서가 함께 천안까지 따라 왔다. 원인남도 와서 보고 작별한 뒤에 말에 올랐다. 그리고 일신역(공주시 신관리)에 이르러 잤다. 저녁에 비가 뿌렸다.

그러나 이무렵 이순신은 원균의 모함에 걸려 파직당하고 백의종군(白衣從軍)을 하던 상황이라 장례를 오래 치르지 못하고 바로 떠나야 했다. 그의 비통함은 부대에 돌아와서도 계속되었다. 먼 곳에서 어머니를 그리워하던 이순신은 눈물을 흘리며 『난중일기』에 글을 남겼다.

1597년 5월 4일

오늘은 어머니 생신날이다. 슬프고 애통함을 어찌 참으랴. 닭이 울 때 일어나 눈물만 흘릴 뿐이다.

1597년 5월 5일

오늘은 단오절인데 멀리 천 리나 되는 땅의 끝 모퉁이에서 종군하느라 어머니 영전에 예를 못하고, 곡하며 우는 것도 내 뜻대로 못하니 무슨 죄로 이런 보답을 받는가! 나 같은 사정은 고금을 통하여도 짝이 없을 것이다. 가슴이 갈갈이 찢어지누나!

어머니에 관한 이순신의 애틋한 기억은 이렇게 깊었다. 그럼 어머니 이외 다른 가족들에 대해서는 어땠을까?

이순신에게는 세 아들 회와 면과 울, 딸 한 명과 세 조카인 해와 분, 완 등이 있었다. 『난중일기』에서 이순신은 아들과 딸, 조카들에 대해 어머니만큼 자주 언급하지는 않았다. 하지만 가끔씩 남긴 글에서 이순신이 그들을 나름대로 사랑하고 귀하게 여겼음을 엿볼 수 있다. 특히 이순신은 막내아들인 면을 아꼈다. 이순신은 막내아들 면이 병에 걸렸다는 소식을 듣고 전전긍긍하다 나아지고 있다는 말에 다소 안도하는 모습을 보이기도 한다.

> 1594년 8월 6일
>
> 저녁에 탐후선이 들어왔다. 어머니께서는 편안하시고 아들 면은 차츰 나아진다고 한다.

그러다 1597년, 일본군이 면이 사는 곳을 습격해 면이 살해당하는 일이 벌어졌다. 이 소식을 접한 이순신은 피눈물을 흘리며 절절한 슬픔을 토로했다.

> 1597년 10월 14일
>
> 밤 두 시쯤 꿈에 내가 말을 타고 언덕 위로 가는데 말이 발을 헛디뎌 냇물 가운데 떨어졌다. 하지만 쓰러지지는 않고, 막내아들 면이 끌어안고 있는 것 같은 형상이었는데 그때 마침 잠을 깼다. 이게 무슨 징조인지 모르겠다.
>
> 저녁에 어떤 사람이 천안에서 와 집안 편지를 전했다. 봉

한 것을 뜯기도 전에 뼈와 살이 먼저 떨리고 정신이 아찔하여 어지러웠다. 대충 겉봉을 뜯고 둘째 아들 열이 보낸 편지를 보니, 겉에 '통곡(痛哭)'이라는 두 글자가 쓰여 있어 면이 전사했음을 짐작했다.

어느새 간담이 떨어져 목 놓아 통곡 또 통곡하였다. 하늘이 어찌 이다지도 인자하지 못한가! 간담이 타고 찢어지는 것 같다. 내가 죽고 네가 살아야 이치에 맞거늘 네가 죽고 내가 사니 이런 어그러진 이치가 어디 있는가. 천지가 캄캄하고 해조차 빛이 변했구나!

슬프다, 내 아들아! 나를 버리고 어디로 갔느냐? 남달리 영특하여 하늘이 이 세상에 머물러 두지 않은 것이냐? 내 지은 죄가 네 몸에 미친 것이냐? 내 이제 세상에 살아 있어 본들 앞으로 누구에게 의지할꼬! 너를 따라 같이 죽어 지하에서 같이 지내며 울고 싶건만 네 형과 누이, 어머니가 의지할 곳이 없으니, 아직은 참으며 연명이야 한다만 마음은 죽고 형상만 남아 있어 울부짖을 따름이다. 하룻밤 지내기가 일 년 같구나.

또 어머니의 경우와는 달리 이순신은 『난중일기』 전체에서 아버지인 이정(李貞)에 대해 단 한 번만 언급했다. 아마 아버지가 어머니 변 씨보다 일찍 세상을 떠 이순신의 기억에서 희미했던 듯하다. 하지만 이순신은 결코 아버지를 잊지는 않았다.

> 1594년 11월 15일
>
> 오늘은 아버님의 제삿날이므로 나가지 않고 홀로 앉아 있으니 이 슬픈 회포를 어찌 다 말하랴!

같은 날의 일기에서 이순신은 상주에 사는 사촌 누이와 조카에 대한 애틋한 감정도 드러냈다.

> 1594년 11월 15일
>
> 상주의 사촌 누이 편지와 그 아들 윤엽이 본영에 이르렀다. 편지를 함께 보냈는데 그걸 읽어보니 눈물이 흐르는 걸 막을 수가 없었다.

마지막으로 이순신은 아내인 방(方) 씨에 대해서도 언급했다. 물론 그리 상세한 기록을 남기지는 않았으나, 간혹 보이는 방 씨 관련 내용을 통해 아내에 대한 이순신의 따스한 감정을 느낄 수 있다.

1594년 8월 29일

아침에 탐후선이 들어왔는데, 아내의 병이 몹시 위독하다고 했다. 벌써 죽고 사는 것이 결단이 났을지도 모르겠다. 아들 셋과 딸 하나가 어머니 없이 어떻게 살아갈꼬! (마음이) 쓰리고 아프구나.

1594년 9월 초1일

앉았다 누웠다 하면서 잠을 이루지 못하여 촛불을 밝힌 채 이리저리 뒤척였다. 이른 아침에 손을 씻고 고요히 앉아 아내의 병세를 점쳐 보니 중이 환속하는 것과 같고, 의심이 기쁨을 얻은 것과 같다는 괘가 나왔다. 아주 좋다. 또 병세가 어떠해질 것인가 점을 쳤더니 귀양 땅에서 친척을 만난

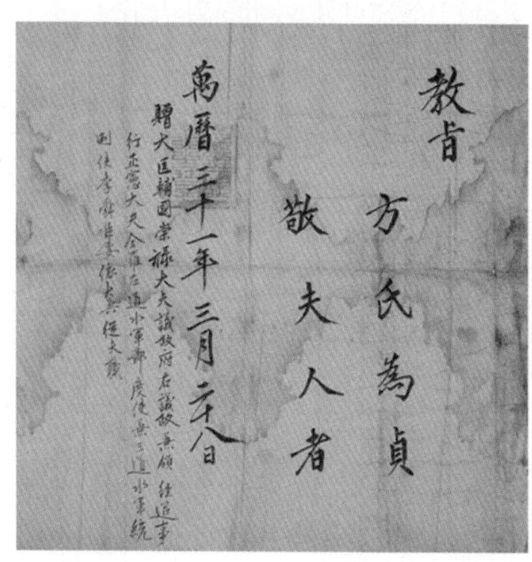
教旨
方氏爲貞
敬夫人者
萬曆三十一年三月 日
贈大匡輔國崇祿大夫議政府右議政兼領經筵事
行正憲大夫全羅左道水軍節度使兼三道水軍統
制使李舜臣妻依大典從夫職

이순신의 부인 방 씨가
정경부인으로 지정 받은 교지.
(보물 제1564-9호)

것과 같다는 괘가 나왔다.

1594년 9월 초2일

저녁에 탐후선이 들어왔는데, 아내의 병이 좀 나아졌다고 하나 원기가 몹시 약하다고 한다. 염려스럽다.

1596년 8월 초4일

아들 회와 면, 조카 완 등이 아내의 생일 술을 올리려고 나갔다. 저녁나절 수루에 앉아 아이들을 보내는 것을 보느라 술잔이 시어지는 줄도 몰랐다.

이처럼 이순신은 개인적인 고뇌가 많은 사람이었으며 가족 구성원 모두를 걱정하는 전형적인 아버지의 모습을 보여준다. 이렇게 가정의 소소한 문제들에 매달려서야 어찌 장군으로서 온전히 전투에 임할까 자못 염려되기까지 한다. 하지만 이순신은 실제 자신의 업무를 한 번도 소홀히 한 적이 없으며 개인사가 있더라도 내색 한 번 하지 않았다고 한다. 공과 사를 확실히 구분하는 모습, 참고 기다릴 줄 아는 그의 인품에 병사들이 감탄하지 않을 수 있었을까?

'수신제가 치국평천하(修身齊家 治國平天下)'라는 말이 있다. 자신의 몸을 먼저 가다듬은 후 가족을 안정시키고, 이후에

나라를 다스리고, 천하를 경영하라……. 하지만 그 말을 이행하기가 어디 그리 쉬운가? 더구나 전투 일선에 나선 장군의 몸으로 공과 사 어느 것 하나 놓치는 일 없이 챙기기는 더욱 어려운 일이다. 이순신의 강렬한 애국 의지, 그것은 어쩌면 '가족'을 염려하고 아끼는 마음에서 시작됐는지도 모른다.

충무공 이순신 영정

철저한 원칙주의

흔히 이순신에 대해 잘못 알고 있는 고정관념이 몇 개 있다. 그중 하나는 이순신이 모든 일에 항상 자비롭고 온유해 그를 만나는 사람들이 모두 그의 덕(德)에 감복해 진심으로 따랐다는 인식이다. 이러한 인식은 마치 '자수성가의 신화'처럼 우리나라 사람들이 좋아하는 고정관념에 기초를 둔 것이라 할 수 있다.

그러나 사실은 조금 다르다. 이순신은 종교 지도자가 아니라 군인이었다. 지금 우리나라는 징병제를 통해 대부분의 성인 남자들이 군대를 다녀온다. 그런데 군대 내 모든 리더들이 그렇게 한없이 어질고 온화하기만 한가? 꼭 그렇지는 않을 것이다.

게다가 지금과 마찬가지로 조선 시대에도 군대는 자발적으로 입대하는 것이 아니라 강제로 징병되어 꾸려진 조직이었다. 본인의 의지와 상관없이 군대에 들어온 사람들인 데다가 대부분 혈기왕성한 젊은이들인데, 이런 사람들로 이루어진 조직을 통제하면서 그저 자비롭고 관대한 지휘를 할 수 있을까?

이순신은 관직 생활을 처음 시작할 때부터 철저한 원칙을 고집했다. 그가 좀 더 이른 나이에 출세하지 못하고, 나이가 든 이후에야 고관에 나선 것은 그의 고지식함이 상사들의 눈에 거슬렸기 때문이다.

이와 관련하여 이순신에 얽힌 유명한 일화가 있다. 그가 1582년 발포수군만호(鉢浦水軍萬戶)로 있을 때, 상관인 전라좌수사 성박(成鎛)이 잔치에 쓸 거문고를 만들기 위해 발포 영내의 오동나무를 베기 위해 심부름꾼을 보냈다. 그러자 이순신은 오동나무 하나라도 영내에 있으면 국가의 재산이니 사사로이 베어갈 수 없다고 거절하며 심부름꾼을 돌려보냈고, 성박은 이에 크게 노했다고 한다.

이 일화는 아직 말단 관리인 만호였음에도 불구하고 이순신이 원칙에 지극히 충실했음을 보여준다. 예나 지금이나 상급자의 지시에 복종하는 것을 최고의 미덕으로 여기는 우리

이순신 장군이 만호로 부임해
18개월 동안 머물렀던 발포만호성 자리

나라 사회에서 원칙을 내세우며 직속상관의 요구를 거절하는 것은 어찌 보면 굉장히 무례하고 인간관계에 손상을 끼치는 일이다. 실제 이 오동나무 사건이 있은 지 얼마 지나지 않아 성박은 발포에 파견된 군기경차관(軍器敬差官, 감찰관) 서익을 매수해 이순신이 군기를 보수하지 않았다는 누명을 씌우고 파직시켜 버린다.

하지만 이러한 일이 있은 후에도 이순신은 계속 원칙을 지키는 고된 길을 자청해 걷는다. 활터에서 활을 쏘다 자신이 차고 있던 화살통의 아름다움을 탐낸 한 정승이 화살통을 달라고 하자, 그는 "이까짓 전통(箭筒) 하나로 정승의 이름을 더럽혀서야 되겠는가!"라며 일언지하에 요구를 거절한다. 어쩌면 이순신에게는 정승과 인연을 맺을 수 있는 잡기 힘든 기회였을 지도 모른다. 하지만 그는 혹여 이것이 뇌물로 비쳐질 것을 우려해 단호히 뿌리친 것이다.

비슷한 일화는 또 있다. 당시 율곡 이이는 조정의 실세이자 나라 제일의 대학자로 이순신과는 먼 친척뻘이었다. 어느 날 율곡 이이가 이순신의 명성을 듣고 만나보려 했으나 이순신은 율곡이 관직에 있는 동안은 만나볼 수 없다고 거절했다. 자신이 율곡에게 승진을 청탁하려 한다는 세간의 오해를 살 것을 걱정해서였다.

이렇듯 이순신은 재능이 있음에도 불구하고 승진을 위한 노력을 하지 않아 10년 넘게 하급 관직에서 머물러야 했다. 하급 군관으로 있었을 때에도 이러했는데, 그가 승진하여 고관이 된 이후에는 어떠했을까? 그가 직접 남긴 기록인 『난중일기』에는 탈영하거나 업무를 소홀히 한 부하들, 식량을 훔치는 등의 범죄를 저지른 관원들을 엄하게 처벌했다는 내용이 수도 없이 많다.

이순신은 전라좌수사로 부임하면서 처음 고관의 자리에 올랐다. 그의 저서인 『난중일기』는 그가 전라좌수사로 임명된 이후인 1592년 1월 1일부터 시작한다. 그리고 임진왜란이 막바지로 접어들던 1597년까지 그는 장비 점검과 군기 확립 같은 일을 게을리 하지 않았다. 『난중일기』의 다음과 같은 내용을 통해 우리는 그가 얼마나 철저한 원칙주의자였는지 다시 한 번 확인할 수 있다.

1592년 1월 16일

방답의 병선을 맡은 군관들과 색리들이 그들 병선을 수리하지 않았기 때문에 곤장을 쳤다. 우후(지방 병마사영이나 수영 등에서 첨사 아래에 있는 무관), 가수(임시직원)도 역시 점검하지 않아 이 지경에까지 이른 것이니 해괴하기 짝이 없다. 공무를 대수롭지 않게 여기고, 제 몸만 살찌우려 들며 이와 같이 돌보지 않으니 앞날의 일을 알만하다.

1592년 2월 15일

비바람이 매우 세다. 새로 쌓은 해자 구덩이가 많이 무너져 석수(石手)들에게 벌을 주고 다시 쌓게 했다.

1592년 2월 25일

여러 가지로 전쟁 준비에 탈이 난 곳이 많다. 군관과 색리들에게 벌을 주고, 첨사는 잡아들였으며 교수(敎授: 각 읍 향교에 설치했던 종6품 문관)를 내어 보냈다. 이곳의 방비가 다섯 포구 중 가장 나쁜데도 순찰사가 포상하라고 장계를 올려 죄상을 조사조차 못했다니 우습다.

조선 시대에 사용됐던 화포인 지자총통(地字銃筒).
'지자포(地字砲)'라고도 불린다.

1592년 3월 6일

아침밥을 먹고 난 뒤 출근하여 군수 물자를 점검했는데, 활과 갑옷, 투구, 전통, 환도 등이 깨지고 낡은 것이 많아 색리와 궁장, 감고 등을 문책했다.

1592년 4월 29일

오랫동안 임지에 있던 자들은 뜬소문만 듣고서도 가족을 데리고 짐을 진 채 길가에 잇달았고, 혹은 밤을 이용해 도망하는데 본영의 수졸과 본고장 사람들 사이에도 이와 같은 무리들이 있으므로 그 길목에 포망장(도망자를 잡는 장수)을 보내어 도망자 두 명을 찾아내었다. 그리고 우선 목을 베어 군중에 효시하여 군사들의 공포심을 진정시켰다.

1592년 5월 3일

이날 여도수군 황옥천이 왜적의 소리를 듣고 달아났다. 자기 집에서 그를 잡아와 목을 베고 군중 앞에 높이 매달았다.

1593년 2월 3일

여러 장수들이 거의 다 모였는데, 보성군수(김득광)가 미처 오지 못했다. 동쪽 상방으로 나가 앉아 순천부사와 낙안군수, 광양현감과 한참 동안 의논했다. 이날 경상도에서 옮겨온 공문에 포로가 되었다가 돌아온 김호걸과 나장 김수남 등이 명부에 올린 수군 80여 명이 도망가 버렸다고 하며, 또 뇌물을 많이 받고 잡아오지 않았다고 하였다. 그래서 군관 이봉수, 정사립 등을 몰래 파견해 70여 명을 바로 잡아다 각 배에 나누어 주고, 김호걸과 김수남 등은 그날로 처형했다.

1593년 2월 5일

보성군수 김득광은 이슥한 밤에 육지를 거쳐 달려 왔다. 뜰아래에 붙잡아 놓고 기일을 어긴 죄를 문초하며 그 대장에게 따졌다. 그랬더니 순찰사 등이 명나라 군사에게 음식을 이바지하는 차사원(差使員: 중요한 임무를 지워 관찰사 등이 파견하던 임시관원)으로서 강진과 해남 등지의 고을로 왔기 때문이라고 하였다. 그러나 이는 역시 공무이므로 그 대장과 도훈도 및 아전들을 처벌했다.

1593년 5월 7일

우수사 이억기와 함께 아침밥을 먹고 진해루로 옮겨 앉아 공무를 돈 뒤에 배를 타고 떠나기에 앞서 발포의 도망간 수군을 처형했다.

1593년 6월 8일

각 고을의 색리 열한 명을 처벌했다. 옥과의 향소는 전년부터 군사를 다스리는 일에 부지런하지 못하여 결원이 거

국보 제304호 여수 진남관(麗水 鎭南館).
원래 이 터에 임진왜란 전 전라좌수영 지휘소였던 '진해루'가 있었다.

의 수백 명에 이르렀는데도 항상 속여 허위보고를 했다. 그래서 오늘은 사형에 처하여 목을 높이 매달아 보였다. 마음이 괴롭고 어지러웠다.

1594년 7월 3일

각 배에서 여러 번 양식을 훔친 사람들을 처형했다.

1594년 7월 4일

왜적 다섯 명과 도망병 한 명을 처형했다.

1594년 7월 26일

저녁나절에 녹도만호가 도망병 여덟 명을 잡아 왔다. 그래서 그중 주모자 세 명을 처형하고, 나머지는 곤장을 쳤다.

1594년 8월 26일

흥양의 포작(어부) 막동(莫同)이란 자가 몰래 장흥의 군사 서른 명을 그의 배에 싣고 도망간 죄가 있어서 목을 베고 높이 내걸었다.

1594년 9월 11일

일찍이 수루 위로 나갔다. 남평의 색리와 순천의 격군으로서 세 번이나 양식을 훔친 자가 있어 처형했다.

1595년 2월 1일

일찍 대청으로 나가 보성군수의 기한 어긴 죄를 곤장 치고, 도망치던 왜놈 두 명을 처형했다.

1597년 11월 12일

이날 저녁에 영암, 나주 사람에게 배메기(지주가 소작인에게 소작료를 수확량의 절반으로 매기는 일)를 못하게 했다고 하여 묶어서 왔다. 그래서 그중 주모자를 가려 처형하고, 나머지 네 명을 각 배에 가두었다.

임진왜란이 발발하기 전부터 이순신은 이렇게 군기 확립에 혼신의 힘을 기울였다. 자칫 모르는 사람들이 본다면 괜한 짓을 한다고 오해를 받을 수도 있었다. 하지만 그가 『난중일기』에 남긴 기록들은 수사(水師)로서의 임무에 완벽하게 철저한 모습을 보여준다. 요즘 말로 표현하자면 모든 것을 규범대로 수행하는 소위 'FM 군인'이었던 셈이다.

이순신이 이렇게 처벌을 가한 횟수는 난중일기 전체를 통틀어 총 백 회가 넘는다. 상황이 이러니 원칙대로 엄격한 형벌을 가하는 이순신을 원망하는 백성들 또한 많았다.

하지만 당시 조선 수군이 처했던 상황을 한 번 보자. 오랜 평화로 인해 병사들은 제대로 된 훈련조차 받지 못하고 있었고, 무기와 장비 또한 점검을 하지 않아 많이 녹슬어 있었다. 여기에 수군 생활은 매우 고되어 병사들은 틈만 나면 도망치려고 했다. 반면 그들이 상대해야 했던 일본군은 백 년이 넘는 내전을 거치는 동안 꾸준히 단련되어 있었고, 엄정한 군기와 강력한 무기로 당대 최강의 전력을 보유하고 있었다.

따라서 오합지졸의 약병들을 이끌고 막강한 외적과 싸워야 했던 이순신에게는 엄격한 군율을 통해 조선군을 체계적으로 훈련시키는 방침이 절실했다. 아무리 무기가 좋아도 병사에게 싸울 의지가 없다면 무슨 소용이 있겠는가?

공정성을 기하기 위해 말한다면 이순신은 처벌에만 신경을 기울인 것이 아니라 포상에도 정성을 쏟았다. 그는 전투에서 공을 세운 병사가 있으면 그가 아무리 신분이 낮은 천민이라 해도 반드시 이름과 공적 내용을 장계에 적어 조정에 포상을 내려달라고 건의했다.

이순신의 이러한 방침 덕분에 이순신의 병사들은 비리를 저질렀을 때 받을 처벌을 두려워해 불법행위를 함부로 저지르지 않았으며, 동시에 전공을 세웠을 때 얻게 될 포상을 위해 전투가 시작되면 몸을 사리지 않고 용감히 분투할 수 있었다.

임진장초(壬辰狀草):
임진왜란 때 이순신이
조정에 장계(狀啓)한 글들을
다른 이가 따로 옮겨 모은 책.

1597년 8월 5일

거느리고 온 군사를 인계할 곳이 없다고 하면서 이제 이원에 이르러 병마사가 경솔히 물러난 것을 원망하는 것이었다. 아침을 먹은 뒤 옥과(곡성군 옥과읍) 땅에 이르니 피난민이 길에 가득 찼다. 남자와 여자가 부축하고 걸어가는 것이 차마 볼 수 없었다. 울면서 "사또가 다시 오셨으니 우리들은 이제야 살았다"고 말했다.

1597년 8월 9일

일찍 떠나 낙안군에 이르니 오리까지나 사람들이 많이 나와 환영하였다. 점심을 먹은 뒤 길을 떠나 십리쯤 오니 길가에 동네 어른들이 늘어서서 술병을 다투어 바치는데,

받지 않으면 울면서 억지로 권했다.

공정한 신상필벌(信賞必罰)을 통한 투명한 신뢰관계의 구축. 이것이 이순신이 가진 리더십의 핵심이었다. 처음에는 이순신의 혹독한 관리를 원망했던 군사와 백성들도 전쟁 말기에 이르러서는 이순신의 참뜻을 이해하고, 그를 믿고 따르게 되었다.

> 이순신의 사람됨을 신(이덕형)이 직접 확인해 본 적이 없었고, 한 차례 서신을 통한 적밖에 없었으므로 그가 어떠한 인물인지 알지 못했습니다. 전일에 원균이 그의 처사가 옳지 못하다고 한 말만 듣고, 그는 재간은 있어도 진실성과 용감성은 남보다 못할 것이라고 여겼습니다.
>
> 그런데 신이 본도에 들어가 해변 주민들의 말을 들어보니 모두 그를 칭찬하며 한없이 아끼고 추대했습니다. 또한 그가 4월에 고금도에 들어가 만사를 적절히 조치하여 불과 몇 달 사이에 민가와 군량이 옛날 한산도에 있을 때를 능가한 것을 알고, 비로소 그 역량이 남보다 뛰어남을 알게 되었습니다.
>
> 불행하게도 그가 전사하였으니 앞으로 주사의 일을 책임 지워 조치하게 하는 데 있어 그만한 사람을 구하기가

어려울 것입니다. 참으로 애통합니다. 첩보가 있던 날 군량을 운반하던 인부들조차 이순신이 전사했다는 소식을 듣고는 무지한 노약자라 할지라도 대부분 눈물을 흘리며 서로 조문하기까지 하였으니, 이처럼 사람을 감복시킬 수 있었던 것이 어찌 우연한 것이겠습니까!

- 『선조실록』 선조 31년(1598년) 12월 7일 기사

이순신과 원균의 불화

이순신 하면 빼놓을 수 없는 인물이 바로 원균(元均, 1540~1597)이다. 원균은 임진왜란 당시 옥포해전·합포해전·당포해전·율포해전 등에서 이순신과 함께 전추에 참가했고, 이순신의 파직 후에는 수군통제사가 된 인물이다.

그런데 임진왜란 내내 원균은 이순신과 얽히면서 그와 불화를 빚었다고 한다. 무엇 때문이었을까? 이순신을 다룬 TV 드라마나 소설 등을 보면 원균이 어린 시절 이순신의 형 노릇을 하며 이순신을 괴롭혔기 때문에 이순신이 적개심을 품고 원균을 미워했다는 설정도 등장한다. 과연 그게 사실일까?

앞서 밝힌 것처럼 이순신은 철저한 원칙주의자였다. 그런데 그런 이순신의 눈에 원균은 꽤 엉터리 같은 인물로 보였던 것 같다. 다시 『난중일기』를 살펴보자.

1592년 4월 29일

내 어리석은 생각으로는 오늘날 적의 세력이 이와 같이 왕성하여 우리를 업신여기는 것은 모두 해전으로써 막아내지 못하고 적을 마음대로 상륙하게 하였기 때문이다.

경상도 연해안 고을에는 깊은 도랑과 높은 성으로 든든한 곳이 많은데, 성을 지키던 비겁한 군졸들이 소문만 듣고 간담이 떨려 모두 도망갈 생각만 품었기 때문에 적들이 포위하면 반드시 함락되어 온전한 성이라고는 하나도 없다.

지난번 부산 및 동래의 연해안 여러 장수들만 하더라도 배들을 잘 정비하여 바다에 가득 진을 치고, 엄습할 위세를 보이면서 정세를 보아 전선을 알맞게 병법대로 진퇴하여 적이 육지로 기어오르지 못하도록 했더라면 나라를 욕되게 한 환란이 이렇게까지는 되지 않았을 것이다.

생각이 이에 미치니 분함을 더 참을 수 없다. 이제 한 번 죽을 것을 기약하고, 곧 범의 굴로 바로 쳐들어가 요망한 적을 소탕하고 나라의 수치를 만에 하나라도 씻으려 하는 바 성공하고 안 하고 잘 되고 못 되고는 내 미리 생각할 바가 아니리라.

일기의 내용에서 이순신은 경상좌수사와 우수사 등의 장수들이 바다에서 일본 수군의 함대를 공격해 적을 조선 땅에 상륙하지 못하게 했다면 전쟁의 피해가 이처럼 커지지 않았을 것이라고 말한다. 또 왜군의 세력이 왕성해져 조선을 업신여기는 것도 그들을 해전으로 막아내지 못하고, 마음대로 조선 땅에 상륙하도록 내버려 두었기 때문이라고 비판하며 탄식한다.

1592년 임진왜란이 발발할 당시, 왜군은 부산진에 상륙해 동래성을 함락시키고 파죽지세로 한양까지 진격했다. 이때 경상우수사를 맡고 있던 원균은 왜군의 침입소식을 듣고 소속 부대를 모두 소집했으나 상당수가 겁을 먹고 소집에 불응해 결국 경상우수영의 군대는 대부분 동원되지 못했다. 보유

원균의 묘

하고 있는 군함을 운용할 수군은 부족했고, 왜군의 조총 앞에서 속수무책으로 당하면서 본영을 빼앗긴 원균은 후퇴를 거듭했다. 그러다 결국 적에게 함선을 내줄 수 없다는 명분하에 상당수의 판옥선과 무기들을 스스로 침몰시켜 버렸다.

이에 반해 이순신은 기회를 놓쳐 나라가 위험에 처했다는 탄식에 빠져 더욱 주먹을 불끈 쥔 상태다. 자, 이순신의 입장에서 볼 때 원균이 마음에 들 리 있었을까? 어쩌면 원균을 마뜩찮게 여긴 이순신의 태도는 바로 이런 데서 비롯되었던 것인지도 모른다. 훗날 이순신과 원균의 대립은 옥포해전 전에도 싹트고 있었던 셈이다.

그러다 이순신이 원균에 대해 직접적인 미움을 드러내는 계기가 된 사건이 벌어진다. 1593년 2월 22일의 일이다. 이날 제포 전투에서 이순신이 이끈 연합 함대는 도망가는 왜 수군을 쫓아가다 아군의 함선 두 척이 좌초되는 바람에 적에게 역습을 당해 큰 피해를 입었다.

그런데 아군의 위기를 보고도 경상우수영 소속 좌위장과 우부장은 못 본 체하고 끝내 구해주지 않았다. 전황을 지휘하면서 그 광경을 목격한 이순신은 경상우수영의 태도를 보고 매우 괘씸해했고, 아울러 그 원인이 원균에게 있다고 생각했다. 경상우수영 수군을 총괄하는 원균이 평소 자기 휘하 부대의 관리를 잘했다면 그들이 아군의 위기를 보고도 외면하는 일은 없지 않겠는가 하는 생각 때문이었다.

다음날 아침 식사를 마친 뒤 원균이 이순신을 방문했다. 원균을 대면한 이후, 이순신은 그의 음흉함을 표현할 길이 없다고 썼다. 구체적으로 원균이 무슨 말을 했는지는 나와 있지 않으나, 아마 원균이 아군의 위기를 보고도 구하지 않은 것에 대해 나름대로 변명을 한 것 같다.

그러나 원균에 대한 이순신의 실망과 경멸, 혐오는 날이 갈수록 더하게 된다. 그러다 2월 28일, 이순신은 기묘한 사건을 목격한다. 그날 새벽에 출항해 부산 독사이목으로 향하던 도중 우부장이 변고를 알려왔다. 이에 여러 배들이 돛을 달고 급히 달려가 작은 섬을 에워싸고 보니, 원균 휘하 군관의 배와 가덕첨사의 척후선 등 두 척이 섬에서 들락날락 하고 있었다.

옥포만 – 원균의 요청으로 이순신이 합세해 첫 승전을 올린 옥포해전의 장소다.

도대체 무엇 때문에 적이 없고 전투도 없는 상황에서 여러 배들이 작은 섬에 들락거리고 있는지 궁금해 알아보니 그 이유가 참 황당했다. 원균은 자기 군관들을 보내 어부들의 목을 찾고 있었다고 한다. 원균은 왜 어부들의 목을 찾고 있었을까? 그것은 수급(首級)을 얻기 위해서였다. 당시 장수의 공훈은 적을 죽이고 자른 목의 개수로 평가됐다. 그러니 큰 공을 세우려면 그만큼 적의 목이 많이 필요했다.

그런데 원균은 개전 초기에 휘하 군영의 배와 무기를 모두 버리고 도망치는 바람에 조선 수군 중에서 배와 장비가 제일 적고 보잘것없었다. 따라서 여러 번의 전투에 참가하면서도 제대로 싸울 수가 없어 상대적으로 공을 세울 기회가 별로 없었다. 그러니 어떻게 해서든 공을 세워 자신의 실추된 위상을 회복하려 했고, 왜군의 목을 얻기가 어렵자 대신 어부들의 목을 가져다 자신이 무찌른 왜군의 것처럼 위장하려 했던 것이다. 이때 이순신은 원균이 보낸 군관들의 배를 압류해 다시 원균에게 보냈다. 그러자 원균은 크게 화를 냈다. 자신의 속셈이 들통 나 망신을 당했기 때문이었으리라!

이틀 후인 3월 2일, 이순신은 마음이 울적한 와중에 두 손님의 방문을 받았다. 원균의 부하 장수인 이영남과 이여염이었는데, 그들은 이순신에게 와서 자신들의 상관인 원균의 비리를 털어놓았다. 직속상관이 아닌 다른 장수에게 털어놓아야 할 만큼 그들의 심정도 답답했던 것일까? 두 달 후인 5월 8일에도 이영남은 이순신을 방문해 원균이 망령된 짓을 많이 한다고 말했다. 원균은 자기 부하들로부터 욕을 먹을 정도로 처신이 올바르지 못했던 모양이다.

같은 달 14일에는 원균의 태도가 더욱 나빴다. 그날 두 명의 선전관이 임금 선조가 내린 유지(諭旨)를 가지고 전라좌수영을 방문했다. 이날 이순신은 이억기가 제공한 배에 올라 선전관과 이야기를 하면서 술을 마셨다. 그런데 갑자기 원균이 나타나 술을 함부로 마시고는 폭언을 퍼붓기 시작했다. 원균의 이러한 모습을 보고 배 안에 있던 모든 장병들이 크게 화를 냈다고 한다.

당포만 – 이순신과 원균이 함께 참전했던 당포해전의 격전지

원균의 속셈은 무엇이었을까? 아마 원균은 임금이 보낸 선전관들을 통해 자신이 열심히 싸우고 있음에도 불구하고 이순신이 그 공을 조정에 제대로 보고하지 않아 자신이 무척 고생을 한다고 말했던 것 같다. 선전관들의 귀를 통해 자신의 이름이 조정에 긍정적으로 알려지기를 바란 것이다.

하지만 원균과 직접 같은 전장에서 싸웠던 수군 장병들은 원균이 실제 적과 열심히 싸운 것이 아니라 전투가 벌어지면 후방에 있다가 전투가 다 끝날 즈음에야 오는 모습을 직접 목격했다. 그리고 죽은 적의 시체에서 목을 잘라 자신이 죽인 것처럼 위장하고 다녔다는 사실도 잘 알고 있었다. 그러니 장병들 또한 원균의 거짓말에 화가 났으리라.

이뿐만이 아니었다. 원균은 5월 21일에도 일을 저질렀다. 거짓 내용으로 공문을 보내 병사들을 크게 동요시킨 것이다. 이순신은 이를 두고 "흉측함이 이루 말할 수 없다"고 평하면서 우려했다. 또 5월 30일에는 이런 일도 있었다. 명나라 장수 송응창이 조선 수군에게 보낸 불화살 1,500개를 원균이 혼자 모두 가지려고 꾀를 썼다가 들통 나는 바람에 망신을 당한 것이다. 어쩌면 원균은 자신을 미워하던 이순신을 나쁘게 보고, 그가 공을 세우지 못하게 훼방을 놓으려 했던 것인지도 모른다.

그런데 6월 10일, 원균은 뜻밖의 제안을 한다. 웅천에 있는 왜군들을 상대로 다음날 새벽에 함께 나가 싸우자는 내용의 공문을 보낸 것이다. 원균에 대해 혐오와 불신을 품고 있던 이순신은 원균의 제안을 선뜻 받아들이지 않았고 "그가 품고 있는 흉계와 시기가 말로 표현할 수 없다"고 여기며 답장을 보내지 않았다. 아군의 위기를 눈앞에서 보고도 외면했던 원균의 말을 차마 믿기 어려웠기 때문이다.

하지만 이순신은 왜군과의 전투라는 자신의 업무를 소홀히 할 수는 없어 다음 날 아침 자신이 직접 세운 계획을 공문으로 만들어 원균에게 보내주었다. 그런데 원균은 아침부터 술에 취해 정신이 없다는 말이 들려왔다. 그 말을 듣고 이순신이 얼마나 허탈한 웃음을 지었을까? 새벽에 나가 왜군을 공격하자고 먼저 제안해 놓고, 잔뜩 술을 퍼마셔 인사불성이 되도록 취해 있다니……. 원균은 애초부터 왜군과 싸울 뜻이 없었던 것일까? 이순신에게 보낸 제안은 그냥 해본 소리였을까?

아무튼 원균의 어처구니없는 추태를 경험한 이순신은 이 사건 이후 원균이 어떤 제안을 해도 믿지 않았다. 엄격한 원칙주의자인 이순신의 눈에 원균은 불성실하고 무능력한 사람이었다. 또 나라와 백성의 안전을 지키는 군인 본연의 임무마저 안중에 없으며 그저 자신의 출세에만 혈안이 된 소인배일 뿐이었다.

그런데 7월에 접어들자 그렇지 않아도 경멸 받던 원균은 더 큰 위기에 휘말린다. 7월 25일, 체찰사(體察使)가 보낸 공문이 원균에게 왔는데 여기에 그를 문책하는 말이 많이 적혀 있었다. 원균의 행태를 두고 영 미덥지 못하다는 조정의 여론이 공문에도 반영된 것이다.

그리고 7월 28일, 원균은 예전과 비슷한 일을 저질렀다가 또 다시 이순신에게 발각된다. 이순신의 부하 장수인 김완이 복병을 하고 있을 때, 포작(특정 고을에 소속되지 않고 자유롭게 바다에서 고기를 잡는 어민. 전쟁이 나면 이들도 징병되었다.) 열 명이 일본인 옷을 입고 변장한 모습이 포착되었다. 조선인 어부가 왜 일본인의 옷을 입고 있는지 궁금한 이순신은 그들을 잡아다 이유를 물었다. 그러자 그들의 입에서 놀라운 대답이 나왔다. 원균의 지시 때문이라는 것이었다. 원균은 왜 조선인

당항포 해전이 벌어졌던 당항포의 모습

어부들에게 일본인의 옷을 입혔을까? 혹시 그들을 일본인처럼 꾸며놓은 다음, 자신이 함대를 이끌고 가 그들의 목을 잘라 포상을 타내기 위함은 아니었을까?

이밖에도 이순신은 8월 6일과 7일, 원균과 만남을 가진 후 『난중일기』에 "그는 걸핏하면 모순된 이야기를 하며, 그와 그의 부하 군관들은 항상 헛소문만 내기 좋아하니 도무지 믿을 수 없다"고 적었다.

하지만 상황이 이러한데도 원균의 태도는 도무지 나아지지 않았다. 왕이 보낸 선전관 앞에서 술주정으로 물의를 빚었던 일은 기억도 나지 않는지 원균은 8월 26일 이순신과 이억기 등 여러 장수들이 보는 앞에서 술을 마시고 온갖 망발과 망언을 쏟아내 따가운 눈총을 받았다.

해가 바뀐 1594년 1월 19일, 원균의 추태는 더했다. 경상우수사에서 근무하는 많은 승무원과 노를 젓는 격군들이 군량이 모자라 굶어죽을 지경인데, 원균은 그들을 어떻게 해서든 먹여 살릴 생각은 하지 않고 여자들과 놀아나는 데 정신이 팔려 있었다. 이영남으로부터 이러한 상황을 전해 들은 이순신은 그날 『난중일기』에 "차마 들을 수가 없었다"며 안타까운 심정을 드러냈다.

그리고 3월 13일, 원균이 이순신을 방문했다. 이순신은 이 자리에서 거짓으로 왜인 노릇을 한 자들의 목을 잘라 바친 원균의 잘못을 다시 한 번 지적했다. 무려 세 번이나 거짓으로 전공을 세우려다 모두 적발된 것이었다. 실로 어처구니없을 정도로 강한 집념이 아닌가 싶다.

임진왜란 기간 내내 이순신이 왜군과 싸우는 일 다음으로 가장 신경을 쓴 것은 아군의 기강 확립이었다. 특히 이순신은 군대에서 달아나는 탈영병들에게 엄격해 그에게 걸리면 반드시 처벌을 받아야 했다.

그런데 5월 13일, 경상우수사 소속의 포작들이 격군들을 배에 실은 채 도망가다가 현장에서 붙잡혔고, 더 파헤쳐 보니 많은 포작들이 원균이 있는 곳에 숨어 있었다고 한다. 요즘으로 치면 원균은 범죄자를 은닉한 것이다. 그들의 노동력 등을 이용해 자신의 사복(私腹)을 채우려 한 듯하다. 이에 이순신은 사복(私僕)을 보내어 그들을 잡아오게 했는데, 원균은 도리어 이순신이 보낸 사복들을 붙잡아 가두었다. 분노한 이순신은 군관 노윤발을 보내 사복들을 풀어주게 했다.

6월 4일, 겸사복이 선조가 내린 유지를 가지고 왔는데 거기에는 "수군의 여러 장수들이 서로 협력하지 않으니 다음부터는 전날의 버릇을 버려라"는 내용이 적혀 있었다. 원균이 술에 취해 망발하던 모습이 조정의 귀에 들어간 것이다.

이순신과 원균 간의 불화가 깊다는 말은 이 무렵부터 조정에도 알려진 것 같다. 8월 17일에는 도원수인 권율이 직접 사천에 와서 원균을 호되게 책망했다. 권율의 꾸짖음에 원균은 머리를 들지 못했다.

그러나 원균은 결코 자신의 잘못을 뉘우치지 않았다. 그저 자신보다 더 강한 힘에 일시적으로 굴복하는 척 했을 뿐이다. 같은 달 29일, 원균은 이순신이 전투를 함에 있어 머뭇거리기만 하고 진격하지 않는다고 트집을 잡았다. 참으로 적반하장이었다. 실제 전장에서 별 도움도 안 되고, 적의 수급 챙기기에나 몰두하던 자가 수군 전략 총대장에게 무슨 말도 안 되는 언사란 말인가?

이순신과 원균 간의 갈등을 잘 알고 있던 조정에서는 이대로 둘을 계속 내버려 두면 안 되겠다는 판단을 내리고, 해가 바뀐 1595년 특단의 조치를 취했다. 전라좌수사인 이순신을 충청도와 전라도, 경상도의 모든 수군을 지휘하는 총사령관인 삼도수군통제사(三道水軍統制使)로 삼고, 원균은 수군이

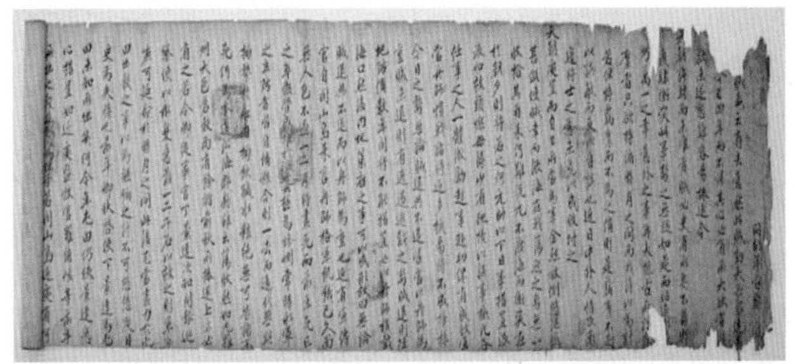

임진왜란에서 전공을 세운 이순신에게 내린 선무공신교서

아니라 육군 지휘관인 충청 병사로 삼는다는 내용이었다. 원균의 후임자에는 배설(裵楔)이 내정되었다.

2월 27일, 이러한 조정의 결정을 담은 왕의 사절이 교서를 가지고 왔다. 그런데 왕이 내린 교서를 낭독하는 자리인 포구에서 원균은 뜻밖의 모습을 보였다. 왕이 내린 교서에 신하로서 마땅히 해야 할 절도 하지 않으려 한 것이다. 원균이 불평을 하자, 주위에서 두세 번이나 타일러 억지로 절을 하게 만들었다. 이러한 상황을 전해들은 이순신은 『난중일기』에 "너무도 무식한 것이 우습기도 하다"라고 적었다. 왕에 대한 충성을 절대 도덕률로 삼았던 조선 시대의 기준에서 보면 원균의 처사는 영락없는 불충이자 죄였다.

그리고 얼마 안 있어 3월 12일, 이순신은 체찰사가 전한 이상한 소식을 들었다. 원균이 곤장 마흔 대를 맞았다는 것이다. 대체 무슨 이유로 곤장까지 맞았는지는 기록이 없어 알 수 없으나 큰 잘못을 저지른 데 대한 처벌인 듯하다. 그렇지 않고서야 충청 병사로 있는 원균이 곤장이라는 치욕적인 처벌을 받았을 리 없다.

그러나 삼도수군통제사로 조선 수군을 잘 관리하던 이순신은 1597년 정유재란이 발발하자 억울한 죄를 쓰고 통제사에서 파직당한다. 일본의 이중첩자인 요시라(要矢羅)가 조정에 거짓 정보를 흘렸고, 이에 속은 조정이 함대 출정 명령을 내렸는데 이순신이 따르지 않았기 때문이다. 그리고 그의 후임으로는 놀랍게도 원균이 부임한다.

통제사로 부임한 원균은 이순신이 했던 것과는 정반대로 일을 처리하기 시작했다. 병사들의 훈련이나 전함의 제조 및 수리, 전략 수립 같은 장수로서의 본 업무는 뒷전으로 미루고, 사령부인 운주당(運籌堂)에 기생들을 불러들여 매일 술이나 마시고 흥청망청 놀기만 한 것이다. 총사령관이 이러니 병사들이 무슨 생각을 품었을까? 이대로는 도저히 왜군과 싸워서 이길 수 없다고 판단했을 것이 분명하다. 그래서 병사들은 틈만 나면 도망쳤고, 남은 병사들 또한 원균의 부정부패로 인해 제대로 식량을 먹지 못하고 굶주렸다.

이순신이 삼도수군통제사로 있을 때 장수들과 작전회의를 하던 운주당

통제사에서 파직당하고 백의종군 하던 이순신도 주위 사람들이 전하는 원균의 추태를 듣고 『난중일기』에 안타까운 심정을 드러냈다. 1597년 4월 27일에는 "정사준이 와서 원균의 망령된 일을 많이 말했다"고 적었고, 같은 해 5월 2일에도 좌영에서 진흥국이 와 눈물을 뚝뚝 흘리며 원균의 행태를 말하고 갔다고 적었다. 5월 6일에는 충청우후인 원유남이 이순신을 찾아와 한산도에서 원균이 저지르는 온갖 패악질에 대해 말하고, 그의 횡포를 견디다 못한 장병들이 탈영을 하는 판국이라 장차 일이 어찌 될지 헤아리지 못하겠다고 전했다.

그런데 5월 8일, 이순신은 더 기막힌 소식을 들었다. 원균이 어느 서리(書吏)의 아내를 탐내 서리에게 곡식을 사오라는 명을 내려 육지로 보내놓고는 그 사이 그의 아내를 겁탈하려 했다는 것이다. 이때 원균이 기를 썼지만, 서리의 아내가 밖으로 뛰쳐나가 고래고래 소리를 지르며 난리를 부렸다고 한다. 참으로 추접하고 꼴사나운 짓을 저질렀으니 한 나라의 수군통제사로서 망신도 이만저만이 아니었다.

그 와중에도 원균은 말에 온갖 재물을 실어 한양의 높은 벼슬아치들에게 뇌물을 보내느라 여념이 없었다. 그리고 이순신을 헐뜯는 말만 하면서 오직 자신의 통제사 직책이 오래 유지되기만을 바랐다.

그러나 그렇게 로비를 한다고 해서 이순신을 가장 가까이에서 지켜보는 사람들까지 속일 수는 없다. 5월 28일, 하동현감(河東縣監) 신진은 이순신을 만난 자리에서 "원균의 행태는 굉장히 미친 짓입니다"라고 말했다. 제정신인 사람이라면 원균이 하는 일을 도저히 좋게 볼 수 없었으리라.

갈수록 위태해 보이던 원균의 행보에 그저 분한 심정이던 이순신은 7월 18일 새벽, 충격적인 소식을 듣는다. 이틀 전 16일 칠천량에서 조선 연합 함대가 왜 수군의 기습을 받고 참패해 지휘관인 원균과 이억기, 최호 등이 모두 죽임을 당하고, 조선 수군도 전멸했다는 비보였다. 소식을 전해들은 이순신은 너무나 기가 막히고 원통해 대성통곡을 하고 말았다.

사흘 후인 21일, 이순신은 칠천량에서 살아 돌아온 군사와 왜군의 침략을 피해 달아난 백성들을 만났다. 그들은 이순신에게 다음과 같은 이야기를 전했다.

"원균이 적을 보고 먼저 뭍으로 달아났습니다. 여러 장수들도 힘써 뭍으로 도망가는 바람에 이 지경에 이르렀습니다. 도저히 말로는 할 수가 없습니다. 원균의 살점이라도 씹어 먹고 싶습니다!"

『난중일기』 속 원균에 관한 내용은 이것이 마지막이다. 칠천량 패전을 끝으로 원균은 더 이상 『난중일기』에 등장하지 않는다. 이미 죽었거나 혹은 행방불명이 된 원균을 이순신도 더 이상 다룰 생각이 들지 않았던 듯하다.

이순신이 바라본 원균은 도무지 장점을 찾기 힘든 자였다. 좋은 장수로서의 그릇은 더더욱 아니었다. 그리고 이순신은 이러한 부분에 대한 실망과 탄식을 가감 없이 드러냈다. 그도 '성웅'이기 전에 감정을 가진 한 '인간'이었으리라.

승리의 비결

우월한 무기

이순신을 이야기 할 때 그가 임진왜란 동안 일본군과 싸워 거둔 승리를 빼놓을 수 없다. 임진왜란 동안 원균이 지휘를 맡았다가 참패한 기간을 제외하면 조선 수군은 대부분 일본 수군과의 전투에서 승리했다고 할 수 있다. 승리의 가장 큰 비결은 조선 수군이 가진 무기와 장비, 이순신이라는 뛰어난 지휘관의 총체적인 전략과 전술로 일본 수군을 압도했기 때문이다.

당시 조선 수군의 무기와 장비는 일본 수군보다 훨씬 뛰

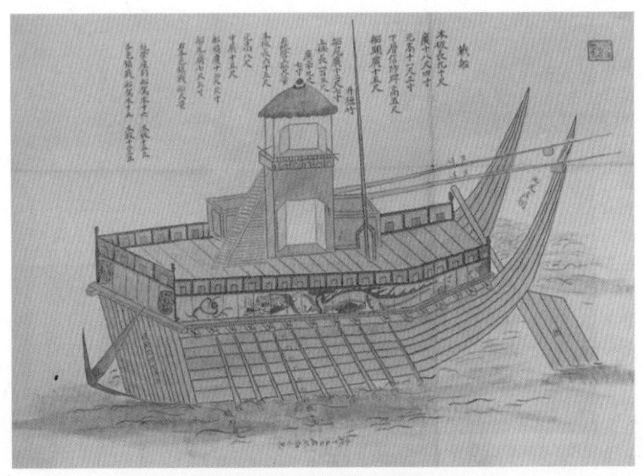

조선 수군의 주력함이었던 판옥선.
화력이나 강도 면에서 왜 수군의 함선을 능가했다.

어났다. 조선 수군의 주력함인 판옥선(板屋船)은 구조가 2층으로 이루어진 대형 선박으로 우리나라에서 자란 소나무로만 제조되었다. 또 판옥선의 외벽은 두께가 12cm나 되어 매우 탄탄했다. 거기에 배의 좌우 갑판에 설치한 방패는 소나무보다 더 두꺼운 전나무로 만들어졌다. 이렇게 철옹성 같은 판옥선은 일본군이 쓰는 조총의 탄환이 좀처럼 뚫을 수 없어 조선 수군들은 안전하게 보호받으며 전투에 임할 수 있었다. 또 판옥선은 배의 밑바닥이 넓고 평평해 방향을 바꾸기가 쉬웠고, 대포를 발사할 때 선체의 흔들림을 잘 흡수할 수 있어 일본의 전함보다 더 많은 대포를 싣고 다닐 수 있었다.

하지만 판옥선이 가진 가장 큰 장점은 역시 막강한 원거리 화력이었다. 판옥선은 많은 화포로 무장하고 있었으며 포의 구경도 일본의 화포(30mm)보다 월등히 커서 천자총통(天字銃筒)의 경우 130mm, 지자총통(地字銃筒) 100mm, 현자총통(玄字銃筒) 75mm, 황자총통(黃字銃筒)은 40mm에 달했다. 이러한 조선 수군의 화포는 주로 길이가 3m에 이르는 거대한 목제 화살인 대장군전(大將軍箭)을 넣고 화약의 힘으로 발사했는데, 최대 사정거리가 600m에 달했다. 일본 측 기록에 따르면 이 대장군전을 맞은 일본 전함의 갑판과 방패는 모두 파괴되었다고 한다.

이밖에 가까운 거리에서 접전을 할 때는 개인용 화기인 승자총통(勝字銃筒)을 사용했다. 조선 수군의 각종 화약 무기로 공격을 받은 일본 전함은 크게 부서지거나 불에 타 침몰되었

조선군이 보유했던 화포인 '천자총통'
'천자포'라고도 불리었다.

다. 물론 일본 함대도 조총(鳥銃)이나 그보다 더 강력한 대조총을 갖고 있기는 했다. 부산포 해전에서 이순신 휘하의 장수 정운은 대조총에 맞고 전사한 것으로 추정되기도 한다. 그러나 대조총은 매우 무거워 들고 다니기가 불편했고, 조총처럼 널리 보편화되어 사용되지 못했다. 또 조총의 위력이나 사정거리는 조선 수군의 화포에 미치지 못했다.

이순신은 막강한 화력을 지녔으나 무게 때문에 움직임이 둔한 판옥선을 엄호하기 위해 빠른 기동성을 지닌 돌격선인 거북선을 만들어 실전에 투입했다. 거북선에는 양쪽에 8개씩 도합 16개의 노가 달려 있었고, 각 노에는 1명의 조장(組長)과 4명의 노꾼이 배속되어 총 80명의 인원이 함께 움직였다. 그리고 전투 시에는 노꾼 전원이 전력을 다해 노를 저었다.

현충사에 있는 거북선 모형

조장은 전투상황에 따라 노 젓는 방법을 수시로 바꿀 수 있었으며 격렬한 전투 중에도 전진과 후진, 선회와 정지, 가속과 감속이 자유자재로 조절될 수 있어 기동성이 뛰어났다.

또 거북선의 앞에 달린 용머리의 입을 통해 대포를 쏘았다. 배 후미의 거북꼬리 부분에도 총구가 달려있어 유사시 사격이 가능했다. 그리고 배의 좌우에는 각각 6개의 대포 구멍을 냈다. 전후좌우 사방에 자유자재로 포격을 가하며 신속하게 움직이고, 적진 속으로 들어가 적의 전열을 유린하는 것

이순신이 구상한 학익진의 도안. '선단이 학의 날개처럼 적을 포위한 상태'라는 뜻으로 '학익진'이라는 이름이 붙었다.

이 거북선이 가진 본래의 역할이었다.

임진왜란 기간 동안 조선 수군이 즐겨 사용한 전술은 이러했다. 먼저 재빠른 기동성을 갖춘 거북선이 적진으로 돌입해 전열을 유린하면서 적 함대를 붙잡아 두는 동안, 상대적으로 속도가 느린 판옥선이 다가와 각종 화포와 대장군전, 불화살 같은 원거리 무기들을 집중 포격해 적진에 치명타를 가하는 것이다.

이에 반해 일본 수군은 배에 화포가 많지 않았고, 대신 재빠른 기동성을 이용해 조선 수군의 배에 가까이 다가가 전투원들을 올려 보내는 전술을 구사했다. 그러나 그 과정에서 조선 수군의 막강한 화력에 모조리 격침당하기 일쑤였다. 물론 일본 수군에도 아타케부네(안택선, あたけぶね)나 니혼마루

한산대첩을 그린 기록화. 현충사에 보관되어 있다.

(日本丸) 같이 판옥선에 맞먹는 대형 전함들이 있었으나 이런 배들은 주로 지휘관들이 탑승하는 기함이었고, 일본 수군의 주요 전함들은 세키부네(関船)나 고바야(小早) 같은 중소형 전함들로 조선 수군의 주력함인 판옥선보다 화력 면에서 훨씬 떨어졌다.

명량대첩 – 승리의 표본

조선 수군의 우수한 화력에 이순신의 정보력 및 엄격한 군율이 더해져 이룩한 가장 위대하고 극적인 승리는 단연 1597년 9월 16일에 있었던 명량대첩(鳴梁大捷)이었다. 그보다 약 두 달 전인 1597년 7월 16일, 칠천량 해전에서 원균이 지휘하던 조선 수군이 일본 수군의 기습을 받아 전멸한 참패가 있었기에 명량대첩의 의의는 더욱 돋보인다.

칠천량 해전 당시 파직되어 백의종군 상태였던 이순신은 8월 3일 선조 임금에 의해 다시 삼도수군통제사로 복직했다. 하지만 칠천량 패전에서 수많은 조선 수군과 함대들이 지레 겁을 먹고 달아나 버려 이순신이 맡은 병력은 고작 판옥선 12척이 전부였다. 이에 반해 칠천량 해전에서 대승리를 거둔 일본 수군은 자그마치 수백 척의 전함과 사기가 오를 대로 오른 병사 수만 명을 거느려 객관적인 전력에서 조선 수군을 월등히 압도하고 있던 상태였다.

상황이 이러하자 조선 조정에서는 칠천량의 패전으로 궤멸되어 버린 조선 수군이 과연 저렇게 기세등등한 일본 수군과 싸워 이길 수 있겠느냐는 회의론이 대두되었고, 선조 임금조차 아예 수군을 없애고 남은 병력을 육군에 편입시키라는 발언을 할 정도였다. 이때 이순신은 장계를 올려 "신에게는 아직 배 12척이 남아 있습니다. 신의 몸이 죽지 않고 살아 있는 한 적들은 감히 우리를 깔보지 못할 것입니다"라고 단언하며 수군 폐지론을 일축해 버렸다. 그리고 남해안 일대를 돌아다니며 흩어진 병사들을 모으고 전력을 재정비했다.

이순신은 명량 해협을 결전장으로 선택하고, 12척의 판옥선과 남아있던 협선 32척, 전함으로 위장한 어선 백여 척을 끌고 나와 함대 후방에 위치시켰다. 그러나 협선은 소형선인데다 화포도 싣지 못해 연락용이나 척후용으로밖에 쓰지 못하는 배였다. 더구나 일본군에 붙잡혀 있다 탈출한 중걸(仲乞)이란 백성의 말에 의하면 일본군은 이미 이순신에게 10여 척의 전함 밖에 없다는 사실을 알고 있으며, 흩어진 함대를 모두 모아 조선 수군을 몰살시킨 후 곧바로 경강(京江, 한강)으로 쳐 올라갈 계획이라는 것이었다(난중일기 9월 14일자 참조).

만약 수백 척의 일본 함대가 그대로 북진해 한양에 상륙한다면 도성은 순식간에 일본군에 점령될 것이고, 왕과 대신

들마저 모두 사로잡히거나 죽게 될 것이다. 그러면 조선의 운명은 그대로 끝장나고 마는 것이었다. 사실 어느 쪽을 보아도 희망은 전혀 없어 보였다. 하지만 이순신은 절망하지 않고 묵묵히 작전 계획을 짜며 전쟁을 준비했다.

그리고 마침내 1597년 9월 16일 오전 11시 무렵, 도도 다카도라(藤堂高虎), 가토 요시아키(加藤嘉明), 와키사카 야스하루(脇坂安治), 구루지마 미치후사(來島通總) 등이 지휘하는 일본 함대 수백 척이 명량 해협의 입구인 울돌목에 도착했다. 수백 척의 일본 함대를 본 조선의 수군들은 압도적인 차이에 놀라 겁을 먹고 허둥거렸으나 오직 한 사람, 이순신만이 용기를 잃지 않은 채 장수와 병사들을 독려하고 전의를 다졌다.

"죽기를 각오하고 싸우면 반드시 살 것이요, 살기를 바라고 싸우면 반드시 죽을 것이다(必死則生 必生則死). 한 사람이 막고 지키면 능히 천 사람을 당해낼 수 있다. 바로 지금 우리를 두고 한 말이고, 여기가 그런 곳이다. 여러 장수들은 나의 명령에 한 치도 어긋나지 않도록 하라!"

일본 수군의 선봉을 맡은 구루지마 미치후사가 휘하 함대 수십 척을 이끌고 기세 좋게 울돌목 안으로 돌격했으나 막상 수로 안에 들어서자 당황할 수밖에 없었다. 수로가 극히 좁고 물살이 너무 빨라 함대의 대열 유지와 운신이 굉장히 어려웠기 때문이다.

명량해전을 묘사한 기록화.
좁은 포구 안으로 몰려드는 수많은 왜선을
이순신이 탄 한 척의 상선(기함)이 막아내고 있다.

명량 해협의 길이는 약 1.3km로 입구 쪽의 폭은 약 650m, 해협 중간에서 가장 넓은 곳이 605m, 가장 좁은 곳은 295m에 불과했다. 게다가 양안(兩岸)에 큰 암초가 있어 실질적인 폭은 120m에 불과하다. 이 암초에 조류가 부딪치면서 요란한 소리가 나면 마치 바다가 우는 것 같다고 하여 '명량(鳴洋)'이라 불린 것이다.

이때 해협의 조류는 북서류(北西流, 해협 입구에서 출구 방향)

였으며 해류의 시속은 약 11노트(1노트는 약1.8km/h)였다. 입구의 폭이 좁으니 일본 수군으로서는 대형선인 아타케부네 대신 어쩔 수 없이 중형선인 세키부네와 소형선인 고바야를 집중적으로 투입해야 했다. 이순신은 바로 이 점에 착안해 결전장을 명량으로 삼은 것이다. 화력과 배의 내구도 면에서 세키부네나 고바야는 조선의 판옥선에 비해 무척 열악했다. 따라서 대형 전함인 아타케부네를 묶어두고, 중소형선인 세키부네와 고바야를 주적으로 삼는다면 조선 수군에게도 충분히 승산이 있었다.

구루지마 미치후사에 이어 도도 다카도라와 가토 요시아키, 와키사카 야스하루 등이 이끄는 일본 함대가 연이어 울돌목으로 들어와 조선 수군과 전투를 벌였으나 모두 이순신이 이끄는 조선 함대의 두터운 방어진을 뚫지는 못했다. 심지어 구루지마 미치후사는 이때 전사해 그 시체가 바다에 떠다니다가 조선 수군에 의해 목이 잘리고, 이순신의 상선에 내걸리는 수모를 겪었다.

어느덧 오후 4시가 되자 조류의 흐름이 지금까지와는 달리 남동류(南東流, 해협 출구에서 입구 방향)로 흐르기 시작했다. 거센 물살이 일본 함대를 강타하자 그들은 더 이상 조선군을 향해 전진하는 것조차 힘들었다. 이때 급류의 변화는 일본군에게는 고역이었지만, 조선군에게는 하늘이 보낸 구원군과 같았다.

지금까지 일본군의 공세를 막는 수세를 펴왔던 이순신은 이 기회를 놓치지 않고 공세로 전환할 것을 명령했다. 조선 수군은 허둥거리는 일본 수군을 향해 대포와 불화살을 날리며 그들에게 치명타를 안겨주었다. 점차 쌓여만 가는 피해에 일본 수군은 더 이상 버티지 못하고 퇴각을 결정했다. 그리고 마침내 명량해전은 조선의 승리로 종결되었다.

이날의 승리는 철저히 이순신이 기획한 작품이었다. 전투가 시작되기 전, 이순신은 직접 함대를 이끌고 주변 해역을 관찰했다. 그리고 적은 병력으로 일본 수군의 함대를 상대할 수 있는 지형을 찾다가 울돌목의 좁은 수로와 빠른 조류에 주목하고, 이 두 가지 요소를 활용해 조선 수군이 가진 이점을 최대로 활성화시키는 방안을 모색한 것이다.

『손자병법(孙子兵法)』에 '싸운 후에 승리를 구하지 말고, 먼저 이긴 후에 싸우라'라는 대목이 있다. 이 문장은 바로 이순신에게 해당되는 것이 아닐까? 그는 이미 승리를 확신하고 명량의 대전투를 기획한 것이었다.

물론 여기에는 결코 적을 두고 물러서지 않으며 목숨이 다할 때까지 결연히 싸운다는 이순신 특유의 엄격한 원칙도 적용되었다. 전투가 시작되자 이순신의 부하 장수인 안위(安衛)와 김응함(金應諴)은 겁을 먹고 달아나려 했는데, 그런 상황에서도 이순신은 자신이 탄 상선을 직접 지휘하며 일본 함대를 향해 결연하게 저항했고, 곧 그들의 기세를 꺾기 시작했다. 이런 이순신의 모습을 본 안위와 김응함은 슬며시 부끄러운 마음이 들어 상관을 도와 공격에 가담했고, 마침내 명량대첩의 승리를 일군 것이다.

치밀한 정보전

이순신은 단순히 전투에만 몰입한 용장은 아니었다. 그는 임진왜란 내내 직접 전투 이외에도 일본군을 상대로 한 첩보전과 정보 탐색에도 공을 기울였다. 옥포해전에서부터 부산포해전에 이르기까지 이순신은 언제나 척후선을 먼저 보내 왜군의 위치와 규모를 정확히 알아내려 노력했다. 정보가 정확하고 믿을만하다는 판단이 선 다음에야 함대를 이끌고 적을 공격해 승리를 거둔 것이다.

전쟁이 소강상태로 접어든 1593년 무렵에도 이순신은 정보 탐색을 게을리 하지 않았다. 1593년 5월 11일 『난중일기』에 의하면, 이순신은 영등포로 왜군의 동태를 탐지하기 위해 척후병들을 보냈다. 그들은 이순신에게 돌아와 "가덕도 앞바다에 적선이 무려 200여 척이나 머물면서 드나들고, 웅천은 전일과 같다"고 보고했다. 이러한 정보들 덕분에 이순신은 적과의 대결에서 유리한 국면을 차지할 수 있었다.

그런가 하면 이순신은 고정 첩보원을 사용해 적의 정보를 탐지하기도 했다. 이순신이 부린 첩자로 허낸만(허내은만)이라는 자는 『난중일기』에도 등장한다. 허낸만에 관한 기록은 주로 1596년부터 집중적으로 나온다.

1596년 4월 22일 『난중일기』에 따르면, 허낸만은 왜군의 교두보인 부산에 침투해 이순신에게 편지를 올렸다. 그 편지에 따르면 4월 8일 휴전 협상을 위해 일본에 파견됐던 명나라 사신 이종성이 어디론가 도망쳐 버리고, 부사인 양방형은 여전히 일본 진영에 있다는 것이었다. 이종성의 돌발 행동으로 인해 명나라와 일본의 휴전 협상은 결국 파탄을 맞게 된다. 이순신은 허낸만이 보낸 첩보를 통해 명나라와 일본 사이

임진왜란 당시 왜군이 장기간 주둔을 위해 쌓은 왜성(倭城)

의 분위기를 파악했고, 휴전이 깨진 것에 대해 불만을 품은 일본이 조만간 다시 전쟁을 일으키리라 예측하지 않았을까? 1596년 4월 30일에도 부산에 침투해 있던 허낸만은 이순신에게 편지를 보내 왜장 고니시 유키나가(小西行長)가 군사를 철수할 뜻이 있다고 알려왔다.

그리고 한 달 후인 5월 13일, 부산의 허낸만은 또 한 번 중요한 정보를 알렸다. 왜장 가토 기요마사(加藤淸正)가 5월 10일에 벌써 그의 군사를 거느린 채 바다를 건너갔고, 각 진의 왜군들도 장차 철수할 것이며, 부산의 왜군은 명나라 사신과 함께 바다를 건너가려고 아직 그대로 머물고 있다는 내용이었다.

다음 날인 5월 14일, 김해 부사인 백사림이 이순신에게 보낸 긴급 보고 내용도 허낸만의 편지 내용과 일치했다. 그래서 이순신은 순천 부사에게 자신이 허낸만으로부터 전해들은 정보를 전해주었다.

열흘 후인 5월 24일에도 허낸만은 부산에서 편지를 보냈다. 경상좌도 각 진의 왜군들이 모두 철수하고, 부산에만 머물러 있다는 내용이었다. 이 정보를 접한 이순신은 그동안 허낸만이 보낸 첩보의 공을 기려 그에게 상으로 술과 쌀 열 말, 소금 열 말을 내리고, 정보를 더욱 잘 탐지하라고 치하했다. 이후 6월 15일에도 허낸만은 이순신에게 왜군의 정보를 탐지해 주었고, 이순신은 그에게 군량을 내려주었다.

임진왜란 동안 이순신은 계속해서 정보전에 공을 들였고, 그 결과 전황의 내용과 시국의 상황을 정확하게 알 수 있었다. 이렇게 차별성 있는 무기와 장비, 다양한 전략과 전술이 있었기에 이순신은 명장을 넘어 '성웅'으로 불리게 되었는지도 모른다. '아는 것이 힘'이라는 말만큼 오래된 격언도 없다. 하지만 그만큼 힘이 있는 말 또한 없다.

> 나를 알고 적을 알면 백번 싸워도 다 이기고, 나를 알고 적을 모르면 이기고 지는 것이 반반이며, 나를 모르고 적도 모르면 싸워봐야 반드시 지게 된다. 이는 만고의 바뀌지 않는 진리이다.
>
> - 『난중일기』, 1594년 11월 28일의 기록 참조

후세의 평가

임진왜란의 최대 수훈자였던 이순신. 그는 전쟁이 끝난 후 후세 사람들로부터 어떤 평가를 받았을까? 간혹 이순신을 부정적으로 보는 사람들, 혹은 그를 숭배하는 과도한 국가주의를 경계하는 사람들은 이순신의 영향력이나 명성을 가급적 축소하려는 모습들을 보인다.

그러나 임진왜란 내내 그리고 종전 직후부터 이순신은 조정의 대소신료와 양반 사대부, 백성들을 막론하고 모두에게 추앙받던 영웅이었다. 심지어 원균을 믿고 이순신을 해임했던 선조 임금도 그의 전사 소식을 듣고 다음과 같은 제문을 내려 위로했다.

> 한산도에 진을 치매 적이 감히 엿보지 못하고, 한바다를 가로 막으매 그대 힘만 믿었더니 지난해에 패전한 것 원통한 말 어이할꼬. 그대 그냥 두었던들 그럴 리가 있었으랴. 대장을 잘못 바꾼 나의 허물이라 누구더러 도와 달란들 기운 짐을 어이하리. 다시 부임하여 무너진 뒤를 이어 혼란을 수습하고 군졸을 불러 모았도다. 공로는 사직에 있고 빛나는 충성 절개 죽어도 영화롭다. 인생 한 세상에 한 번 죽음 못 면하네. 죽을 곳에서 죽은 이로 그대 같은 이 드물도다. 나는 그대를 버렸으나 그대는 나를 버리지 않았다.

명량대첩 이후, 이순신과 함께 활동하며 싸웠던 명나라의 해군 제독 진린(陳璘)도 그를 다음과 같이 평가했다.

> 이순신은 천지를 주무르는 경천위지(經天緯地: 온 천하를 다스림)의 재주와 나라를 바로 잡은 보천욕일(補天浴日)의 공로가 있는 사람이다.

또 1600년 윤계선(尹繼善)이라는 선비가 지은 한문소설인 『달천몽유록(達川夢遊錄)』에서도 이순신은 최고의 추앙을 받는 영웅으로 등장한다.

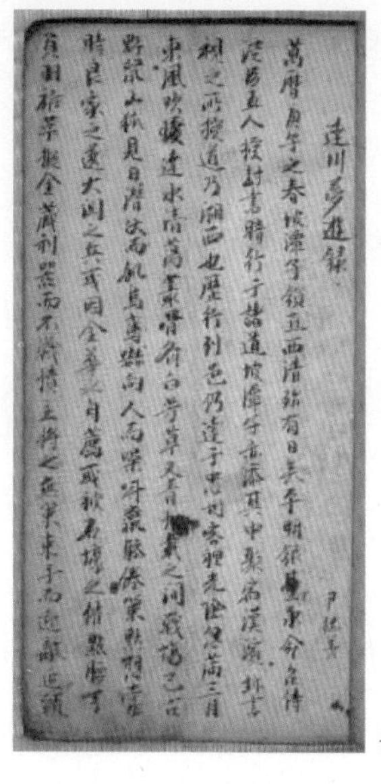
達川夢遊錄
尹繼善

윤계선이 지은 『달천몽유록』

수군통제사(이순신)는 진실로 하늘이 낸 거룩한 분으로, 일선 장수에 임명되자 변경에 크게 자리 잡고 한산 섬에서 적의 바닷길을 끊으면서 여섯 돌의 세월을 보냈습니다. 원균이 싸움에 패한 뒤 아홉 척의 배와 남은 군졸로 여러 번 벽파진에서 싸워 이겼으니 그 공은 종에 새겨 길이 남길 만한 일이요, 노량 싸움에서 공이 임종할 때 죽음을 숨기고 깃발을 흔들고 북을 쳐 싸움을 계속할 것을 분부하매 아들이 그 명령대로 하여 산 중달을 달아나게 한 것처럼 하였으니, 그 꾀가 더욱 기이하다 하겠습니다.

한편 광해군 때 영의정을 지낸 박승종(朴承宗)은 「충문사기(忠愍祠記)」에서 이렇게 말하기도 했다.

아, 공으로 하여금 만일 그날 죽지 않게 했다면 일개 공신에 지날 것이 없는데, 이제 마침내 그 충성을 선양하고 절개를 표창함이 천지에 찬란하니 비록 죽어도 오히려 살았도다. 성을 버리고 군사를 잃은 패배한 자들은 몸이 그대로 성하여 제방 창문 아래서 늙어 죽는데, 이순신의 충렬은 마침내 몸을 버림에까지 이르렀으니 하늘의 보답이 어찌 이리 공평치 못한고. 그러나 구차스레 제 목숨을 보존한 자들은 저 나뭇잎 위에 붙은 먼지와 다를 것이 없거니와 이것으로서 저것에 비긴다면 하늘의 은총이 또한 풍족하다고도 할 것이다.

인조 시대에 영의정을 지냈던 오윤겸(吳允謙)은 『충무공 제문』에 이런 말을 남겼다.

황천에서 다시 일으켜 볼 수 없음을 생각하고, 백 명을 대신 바치고도 물려올 수 없음을 안타까이 여깁니다.

저서 『지봉유설』로 유명한 인조 시대의 학자 이수광(李睟

光)은 이순신을 이렇게 평가했다.

> 통제사 이순신은 임진년에 수군을 거느리고 바다 가운데서 적을 막아 여러 번 왜선을 부수고 적을 사로잡아 죽이기를 수없이 했다. 적은 두려워하여 다시는 감히 수로를 통하여 서쪽으로 오지 못했다. 그래서 호서와 호남이 안전함을 얻어 나라를 회복한 것은 모두 그 힘이다.

또 병자호란의 치욕을 씻기 위해 북벌을 준비하던 무인 군주 효종(孝宗)은 상무정신의 모범을 보인 이순신을 다음과 같이 극찬했다.

> 아침에 이순신의 비문을 보았는데, 죽을힘을 다하여 싸우다가 순절한 일에 이르러서는 눈물이 줄줄 흘러내리는 것을 깨닫지 못하였다. 이는 하늘이 우리나라를 중흥시키기 위하여 이런 훌륭한 장수를 탄생시킨 것이다. 순신의 재능은 남송의 명장인 악비(岳飞)와 같은데, 더욱 작은 병력으로 큰 병력을 공격하는 데 능하였다. 그 당시 왜군의 간사한 모략에 빠져 잘못되어 벌을 받기에 이르렀고, 드디어 원균의 패배가 있게 되었다. 그러나 그 뒤 순신이 약간의 거북선을 가지고 대적을 격파하였으니 참으로 쉽게 얻을

수 없는 인재이다.

- 『효종실록』, 효종 10년 선조 1659년 3월 30일

효종 시절 영의정을 지낸 김육(金堉) 또한 이순신을 추모하는 '신도비문(神道碑文)'을 지으면서 이런 글귀를 남겼다.

우리나라가 2백 년 동안이나 태평하여 백성들이 병란을 알지 못하다가 총을 쏘고 칼을 멘 도적들(일본군)이 동남쪽에서 쳐들어와 서울과 개성, 평양을 모조리 빼앗기고 일

김육의 초상.

곱 개 도가 도탄에 빠졌을 때, 도원수 권공(권율)은 서울 근처에서 적을 노려 큰 도적을 잡았고, 통제사 이공(이순신)은 바다에서 활약하여 큰 공을 세웠으니 두 분이 아니었더라면 명나라 군사인들 어디를 믿고 힘을 썼을 것이며, 종묘사직의 무궁한 국운인들 무엇을 힘입어 다시 이었으랴.

바다를 뒤덮고 오는 적의 세력을 가로막은 것은 저 장순(張巡), 허원(許遠)과 같았고, 몸을 굽혀 있는 힘을 다하고 죽은 뒤에야 멈춘 것은 저 제갈공명과도 같았지만, 그러나 나랏일에 죽은 것은 다 같을지라도 큰 공을 거둔 이는 오직 공 한 분뿐이시니, 혹시 저 이른바 "세 분과 다르다"고 한 말은 맞는 것인가, 틀린 것인가. 과연 그 공로는 온 나라를 덮었고 이름은 천하에 들렸으니 어허, 위대하시도다!

공이 일찍이 시를 지어 노래하기를 "바다 두고 맹세하니 용과 고기 감동하고, 산을 두고 맹세하니 풀과 나무가 알아주네"라고 하였는데, 이 글을 외우는 사람마다 눈물을 흘리고 분해하지 않는 이가 없었다.

충남 아산에 현충사(顯忠祠)를 지어 이순신의 호국정신을 기렸던 숙종은 친필로 제문을 써서 내려 주었는데, 그 내용 중 일부를 발췌해 본다.

殺身殉節 古有比言, 身亡國活始見斯人.

절개에 죽는다는 말은 예부터 있지만, 제 몸 죽고 나라 살린 것은 이 분을 통해 처음 보네.

흔히 알려진 통설과 달리 현충사는 박정희 전 대통령이 처음 세운 것이 아니다. 현충사는 숙종 32년인 1706년 조정의 허가를 받아 지역 유생들이 자발적으로 세웠으며, 숙종이 친히 '현충사'라는 이름을 지어 내렸다. 이것이 세월이 지나면서 낡고 쇠락해지자 박정희 전 대통령이 다시 보수, 증축했을 뿐이다.

조선 후기의 대표적인 현군인 정조도 조정에 명을 내려 『이충무공전서』를 발간토록 했다. 이 책의 말머리에는 정조가 직접 쓴 윤음(綸音)이 붙어있다. 정조는 이순신을 깊이 존

이충무공전서

경해 그의 일생을 정리한 책을 펴내도록 했으며, 모든 신하들에게 읽도록 하여 충무공이 세운 호국정신을 기리도록 했다.

또한 『순조실록』 순조 8년(1808년) 1월 10일 기사에 따르면 "충무공의 상(喪) 때에는 백성들이 모두 흰 옷을 입었는데, 그것이 지금까지 유전(流傳)되어 비록 여자라 하더라도 모두 흰 치마를 입는다"는 말이 언급된다.

아울러 1945년 8월 15일 이후, 해방을 맞은 우리나라에서는 이순신을 추모하는 열기가 계속 이어졌다. 1952년 4월 13일에는 경남 진해에 충무공 동상이 세워졌고, 1949년에는 전남 순천에 이순신의 위패를 모신 충무사(忠武祠)가 건립되었다.

다시 말해, 이순신을 향한 온 국민의 추앙은 이순신 생존 당시부터 지금까지 변함없이 이어져 오고 있는 것이다.

충무사(문화재자료 제48호)

이순신에 대한 오해

세상을 살다보면 종종 우리가 흔히 알고 있던 '상식'이란 것이 전혀 엉터리거나 완전히 거짓말인 경우를 보게 된다. 그런데 이순신의 관한 정보들도 그런 경우가 의외로 많다. 이순신은 한국사에서 가장 유명한 위인이지만, 바로 그러한 점 때문에 오히려 잘못된 정보를 공유하고 있는 경우도 많은 것이다.

더구나 요즘은 '인터넷'이라는 정보 공유의 열린 공간이 있어서 자칫 잘못된 지식들이 제대로 된 검증도 받지 않고 퍼져 나가는 경우가 잦다. 그저 잠깐의 검색만으로 지식을 습득하려는 사람들의 경우, 잘못된 낭설과 유언비어를 그대로 믿어버려 고정관념처럼 자리 잡는 것이다. 게다가 한국사나 세계사 등의 역사 과목이 선택사항이 되어 버려 요즘은 역사 지식을 학교보다 TV나 영화를 통해 더 많이 얻고 있는 형편이다.

역적의 자손?

한 예로 이순신의 이야기를 다뤄 한때 인기를 얻은 TV 드라마가 있었다. 그 드라마 속의 한 장면을 보면 이순신의 아버지 이정이 역적으로 몰린 조광조를 위해 제사를 지내다 군졸에게 들켜 봉변을 당하는 장면이 나온다. 또 이순신의 할아버지 이백록이 기묘사화에 휘말려 금부도사가 건네주는 사약을 마시고 죽는 장면이 나온다. 온 국민들이 즐겨 보는 TV 드라마에 이순신의 집안이 역적이었다는 내용이 등장하다 보니 시청자들도 자연히 이순신이 역적으로 몰려 망한 집안에서 태어났다고 생각했던 모양이다.

'이순신 어록'이라는 제목으로 인터넷을 떠도는 작자 미상의 글이 하나 있는데, 여기 보면 '집안이 나쁘다고 탓하지 말라. 나는 몰락한 역적의 가문에서 태어나 가난 때문에 외갓집에서 자랐다'라는 구절이 버젓이 자리 잡고 있다. 하지만 이순신 본인은 결코 이런 말을 한 적이 없다. 그야말로 21세기를 사는 한국인 중 누군가 멋대로 지어낸 말이다.

다시 결론부터 말하자면 이순신이 '역적의 후손'이라는 주장은 완전히 잘못된 것이다. 이순신의 할아버지인 이백록은 기묘사화 당시 사약을 마시거나 죽은 일이 전혀 없다. 물론 그로 인해 이순신 집안이 역적이 되었고, 처벌을 받은 일도 없다.

우선 기묘사화의 성격부터 보자. 기묘사화는 조정의 기득권자인 훈구파 대신들을 개혁하려던 조광조를 포함한 사림파들이 훈구파로부터 반격을 당해 사약을 마시거나 유배를 당한 정치적 사건이다. 그리고 그 시점은 1519년 11월~1520년 5월까지였다.

기묘사화를 다룬 국가 공식 역사서인 『중종실록』에 조광조와 그 일당인 안당, 윤자임, 기준, 유운, 김식, 김정 등이 사약이나 유배 같은 처벌을 당했다는 기록은 있다. 그러나 처벌 받은 사람들의 명단에서 이백록의 이름은 찾을 수가 없다. 만약 TV 드라마의 내용처럼 이백록이 기묘사화 당시 사약을 받고 죽었다면 왜 그러한 내용이 『중종실록』에는 없는 것일까?

기묘사화와 이백록의 연관 관계는 역사서 『용호한록(龍湖閒錄)』에 처음 보인다. 『용호한록』은 조선 후기인 19세기, 고종 시절에 좌의정 등을 지낸 송근수(宋近洙, 1818~1902)가 쓴 책인데, 그중 2권 「동국문헌명신편(東國文獻名臣篇)」에 보면 이백록이 기묘사화에 연관되어 벼슬을 내놓고 시골로 낙향하는 처벌을 받았다고 언급되어 있다.

기묘사화로 인한 처벌자의 이름 중 이백록이 『중종실록』에 보이지 않고, 훨씬 후대인 『용호한록』에서야 나타나는 이유는 그가 받은 처벌의 수위가 굉장히 낮았기 때문이다. 더구나 이백록이 기묘사화로 인해 사약을 받았다거나 목숨을 잃었다는 내용은 『용호한록』에도 나오지 않는다.

그리고 1519년에 벌어진 기묘사화 이후 15년이나 지난 시점에서 이백록은 『중종실록』에 분명히 살아있는 사람으로 등장한다. 1534년 8월 18일자 『중종실록』을 보면, 당시 이백록은 성균관 생원을 지내고 있었으며, 중종에게 쌀 2백 석을 내려준 일에 대한 감사의 글까지 올리고 있다.

> 성균관 생원 이백록 등이 임금께서 친히 문묘에 제향한 다음 쌀 2백 석을 하사하고, 또 대궐 마당에서 특별히 술과 음악을 하사하신 데 대하여 감사의 글을 올렸다.
>
> "유생들을 모아 놓고 임금님의 은택을 다시 누렸습니다. 더욱더 하늘과 땅 같은 자애와 은혜를 느끼나이다."

그리고 다시 6년 후에도 이백록은 다시 살아있는 모습으로 『중종실록』에 언급된다.

사간원에서 보고하였다.

"평시서 봉사(平市署 奉事) 이백록은 날마다 무뢰배들과 어울려 멋대로 술을 마시면서 외람된 짓으로 폐단을 일으키는 일이 많으니 파직하기 바랍니다."

- 『중종실록』, 중종 35년(1540년) 6월 27일

이백록이 불량배들과 어울려 술을 마시며 행패를 부리니 파직을 권한다는 내용이다. 물론 좋은 내용은 아니나 여기서도 이백록이 살아있음을 분명히 알 수 있다. 이후 6년 후인 1546년에도 이백록은 다시 공식 기록에 나타난다.

윤인경 등이 의론을 제기하기를 "삼가 이정의 해명 상소를 보니, 그 아비 백록이 중종 대왕의 국상 때 술과 고기를 베풀어 놓고 아들을 결혼시켰다는 이유로 죄를 받아 그 이름이 녹안(錄案)에 올랐는데, 이는 잘못된 것이라 하였습니다. 당시 경상감사의 장계에는 술과 고기를 베풀어 놓았다는 말이 없었는데, 형조에서 심문을 마치면서 '술과 고기를 늘어놓았다'라는 글자를 보고서에 첨가해 의금부로 이송하고, 의금부에서는 곤장을 쳐 강제로 자복을 받아낸 것이라고 합니다."

- 『명종실록』, 명종 1년(1546년) 4월 6일

이정은 이백록의 아들로, 곧 이순신의 아버지다. 그런 이정이 상소를 올렸다. 아버지인 이백록이 중종 임금이 죽었을 때 술과 고기를 늘어놓고 자신의 결혼식을 치렀다는 말이 있는데, 이는 거짓이라고 해명하고 있는 것이다.

이백록의 정확한 사망 시기는 실록에서 찾을 수 없다. 그러나 1540년 『중종실록』에 그를 파직시키라는 말이 언급되고 있는 것을 보면 최소한 1540년까지는 생존해 있었음을 알 수 있다. 기묘사화의 뒤처리는 1519~1520년까지 이루어졌으니, 이백록은 기묘사화 이후에도 족히 20년은 더 살아 있었고, 조정에서 벼슬까지 한 것이다. 그러니 이백록이 기묘사화 당시 사약을 마시고 죽었다는 이야기는 사실이 아니라 허구라고 봐야 한다.

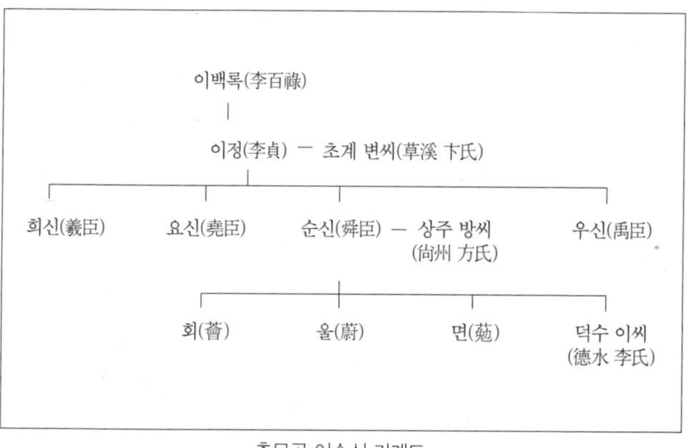

충무공 이순신 가계도

아울러 이순신이 가난한 집안에서 태어나 어린 시절을 힘들게 보냈다는 세간의 인식도 지나치게 과장된 내용이라고 한다. 2008년 4월 28일, 해군사관학교의 이민웅 교수는 순천향대 이순신연구소에서 열린 〈충무공 이순신 사료 집성〉 출판기념회 겸 세미나에서 다음과 같이 주장했다.

"이순신의 증조부인 이거(李琚)는 연산군을 가르친 스승인 동시에 20년 동안 관직 생활을 했다. 아울러 최근 공개된 충무공의 모친 변 씨의 문서 기록에는 이순신이 형 이요신(李堯臣)과 함께 어머니로부터 6~8명의 노비들과 충남 은진(恩津) 지방의 집과 토지도 받았다고 적혀 있었다."

그러니 이순신은 나름 먹고 사는 데 큰 지장이 없던 집안에서 자란 것이다. 그런데 왜 아직까지도 많은 사람들이 이순신을 생각하면 어린 시절을 힘들게 보냈다고 믿고 있을까? 우리나라 사람들이 워낙 자수성가의 신화를 좋아하다 보니 유복한 집안에서 자란 사람마저 궁핍한 환경을 딛고 일어서 인간 승리를 거두었다고 믿고 싶은가 보다.

도고 제독의 이순신 찬양?

이순신에 대한 후세인들의 평가 중에서 가장 유명하면서 또 논란의 대상이 되는 것은 바로 일본의 도고 헤이하치로 해군 제독이 이순신을 존경했다는 내용이다. 인터넷에 떠도는 내용이나 혹은 이순신을 다룬 책에 실린 도고의 이순신 찬양 내용들은 대부분 다음과 같다.

> 도고 제독은 러일전쟁 당시 세계 최강의 해군인 러시아 발틱 함대를 맞아 수적과 화력 모두에서 열세였으나, 쓰시마 해전에서 천재적인 T자 타격 전술로 발틱 함대를 전멸시키고, 세계 해전 사상 최대의 전공을 세웠다.
>
> 쓰시마 해전이 끝난 다음, 일본의 신문 기자들은 도고 제독에게 그날의 감상을 물었다. 그러자 도고 제독은 정색을 하면서 이렇게 말했다. "내가 영국의 넬슨 제독에게는 비견될 수 있으나 조선의 이순신에게는 감히 미치지 못한다. 이순신에 비하면 나는 하사관에 불과하다. 만일 이순신이 나의 함대를 가지고 있었다면 세계의 바다를 재패했을 것이다……."

실제 워낙 많은 사람들이 이런 식의 내용으로 알고 있다

보니 '세계 최강 러시아 해군을 격파한 일본의 도고 제독조차 이순신을 존경했다. 그만큼 이순신도 대단하고, 도고 제독도 대단하다'는 통설로까지 이어졌고, 이러한 내용은 최근 모 예능 프로그램에서도 그대로 전파를 탔다.

물론 TV 예능 프로그램에서 주요 한국사를 정리해 주려고 한 기획의도 자체는 훌륭하다. 요즘의 젊은이들이 얼마나 역사에 관심이 없으면 웃으며 봐야 할 예능 프로그램에서 이러한 준비까지 했을까?

그러나 도고가 이순신을 존경했다고 운운하는 말의 신빙성이 크게 의심받고 있다는 사실을 아는 사람은 많지 않다. 정작 이런 이야기는 우리나라에서만 떠돌고 있고, 일본에는 이런 이야기가 전혀 없다.

도고가 쓰시마 해전 직후, 정말로 '자신이 이순신을 존경하고 있으며 자신이 거둔 승리도 이순신의 업적에 비하면 별것 아니다'라는 식의 이야기를 했다면 당연히 일본에도 그런 기록이 남아있어야 하는데, 도고가 남긴 어떤 기록이나 쓰시마 해전 직후에 가진 기자회견 내용에서도 그가 이순신을 찬양한 내용은 찾을 수 없다.

생각해 보라. 러시아 해군을 제압하고 승리를 거둔 일본인 제독이 당시 자국보다 힘도 없고, 이제 곧 식민지가 될 운명에 처한 나라의 장군 이름을 왜 입에 담겠는가? 그것도 무려

300년 전 사람의 이야기다. 굳이 승전을 기념하는 자리에서 언급할 필요가 있었을까? 그러면 결국 자신의 입장만 더 우습게 되고, 스스로 비하하는 꼴이 아닌가?

물론 도고가 이순신을 존경했다는 이야기의 최초 출처가 아주 없는 것은 아니다. 우리나라 사업가 중 한 사람이 "내가 도고와 친했는데, 그가 나와 함께 한 자리에서 이순신을 존경한다고 말했다"는 내용이 있긴 한다. 하지만 이마저도 그저 입에서 입으로 전해진 소문에 불과하다. 문제는 그 이야기를 객관적으로 입증할 수 있는 근거가 부족하다는 것이다.

일본의
도고 헤이하치로 해군 제독

도고가 정말로 이순신을 존경했다면 그가 그런 말을 했다는 증거가 있어야 하는데, 왜 일본에서는 그런 기록을 찾아볼 수조차 없는가?

또 필자가 더욱 의아해 하는 것은 도고가 우리나라 역사에 조금이라도 긍정적인 영향을 끼친 사람이 아니라 오히려 일제 강점을 도운 인물이라는 점이다. 말하자면 우리나라 식민 지배의 막을 연 원흉이나 다름없는데, 이런 도고가 이순신을 존경했다는 등의 친한(親韓)적인 이미지를 굳이 왜 갖다 붙이려는지 모르겠다.

이처럼 도고의 이순신 찬양 발언은 아마 이순신을 지나치게 추앙한 우리나라 사람들이 지어낸 말이거나 아니면 국내 친일파들이 지어낸 말일 것이다. 그렇게 함으로써 "아니, 세계 최강의 발틱 함대를 쳐부순 도고 제독이 이순신 장군을 알아주다니!"하고 감탄해 도고와 일본 해군, 나아가 제국주의 일본에 대해 친근감을 갖게 하는 효과를 노린 것은 아닐까?

출처도 불분명한 이런 이야기는 이제 잊자. 사실 주목해할 이야기는 따로 있다. 영국의 해군 제독인 조지 알렉산더 발라드(George Alexander Ballard)는 1921년 출판한 그의 저서 『일본의 정치 역사에 대한 바다의 역할(The influence of the sea on the political history of Japan)』에서 다음과 같이 이순신을 칭송한 바 있다.

넬슨과 어깨를 나란히 하는 제독이 있다는 사실을 받아들이기란 영국인으로서 어려운 일이다. 그러나 만약 그렇게 대접 받아야 하는 인물이 있다면, 패배를 전혀 모르고 전투 중에 전사한 아시아의 이 위대한 해군 사령관(이순신)이 되어야 할 것이다. 그의 전적은 한반도 연안 해저에 용맹한 선원들과 함께 가라앉은 수백 척 일본 함선의 잔해들로 이루어져 있다.

그리고 단언하건데, 그는 처음부터 끝까지 단 한 번의 실수도 저지르지 않았다. 그의 전투는 수없이 다양한 상황에서도 너무나 완벽하게 수행되었기에 비판을 불허한다. 그

영국의 해군 제독
조지 알렉산더 발라드

의 위업을 요약하자면, 그는 참고할만한 전례가 없었음에도 불구하고 명백한 결과를 내기 위해서라면 마땅히 취해야 할 방법 그대로 해전을 수행했으며, 나라를 수호하는 자로서 최고의 희생을 치러 그 생애를 마쳤다.

–「일본의 정치 역사에 대한 바다의 역할」, 66~67p.

상식처럼 알고 있었던 정보가 그저 뜬소문에 불과하다는 사실을 인정하는 일이 물론 쉽지는 않다. 하지만 역사를 말함에 있어 누구에게도 떳떳할 수 있으면 더 좋지 않을까? 도고의 이야기 대신 이제 영국 해군 제독 발라드가 직접 적은 이 이야기가 인용되어 이순신을 이해하는 데 쓰였으면 좋겠다.

오늘날 우리에게 주는 의미

우리나라 사람들은 충무공 이순신을 한국사 최고의 영웅으로 추앙하며 그를 본받아야 한다고 말하기 좋아한다. 이순신에 관한 책이나 TV 프로그램들을 보면 그가 이룩한 업적들을 찬양하는 내용이 거의 대부분이라 할 수 있다.

그래서 사람들은 이순신 하면 아무런 대가나 보상도 바라지 않고 목숨을 버리면서 오직 혼자만의 힘으로 나라를 지킨 애국자 그리고 철저한 국가주의적인 인식만을 떠올린다. 실제로 이순신 추앙 열풍을 조장했던 군사 독재 정권 시절에는 전 국민을 상대로 그런 사고방식을 심어주고 조장하는 일이 잦았다.

1968년 광화문 네거리에 건립된 이순신 장군의 동상

그러다 보니 시대가 바뀌자 그러한 인위적인 강압에 대한 반발로 오히려 원균을 추앙하는 목소리가 일어나기도 했다. 물론 원균이라는 인물 자체가 좋아서 한 일이 아니라 국민에게 무조건적인 희생을 강요했던 억압에 대한 반항심에서 비롯된 것이었다.

이순신은 왜적을 격퇴하는 자신의 업무에 지극히 충실한 사람이었고, 그런 점은 존중받아야 마땅하다. 하지만 그렇다고 해서 그의 인생이 국가 폭력을 정당화시키는 도구로 쓰여서는 안 된다. 이순신은 어디까지나 백성을 지키고자 싸운 것이기 때문이다.

또 이순신이 사후에 선조 임금과 조정으로부터 외면을 받고, 그가 남긴 후손들이 아무런 보상도 받지 못한 채 쓸쓸이 살았다는 일부 사람들의 이야기 또한 전혀 사실이 아니다. 앞서 말했듯이 이순신은 살아 있을 때나 죽은 후에나 임금과 조정은 물론 일반 백성들에 이르기까지 널리 칭송을 받았고, 정조 임금이 『이충무공전서』를 펴내게 했을 정도로 인정을 받고 있었다. 그리고 1808년 1월 10일 『순조실록』 기사를 보면, 이순신의 후손인 이인수(李仁秀)와 이승권(李升權)이라는 사람 모두 조정에서 벼슬을 지내고 있다는 내용이 나온다.

이순신이 임진왜란 기간에 사용한 거북선도 이후 폐기되지 않았다. 『고종실록』 1868년 6월 17일의 기사를 보면 그 때까지도 거북선은 여전히 제조되었고 수군에서 사용되고 있었다.

자, 다시 본론으로 돌아오자. 이순신이 오늘날 우리에게 주는 가치는 단순히 그가 목숨을 바쳐 아무런 대가 없이 나라를 지켰다는 내용만이 아닌, 좀 더 다른 데 있지 않을까? 오랜 평화기에 젖어 있던 조선 수군을 이끌고 백 년이 넘은 내전으로 단련된 일본군을 상대로 연전연승을 거두었던 이순신의 성공 비결은 그가 일체의 부정도 용납하지 않고 철저히 원칙을 지킨 정도를 걸었기 때문이다.

사실 이런 점이야말로 오늘날 우리에게 유효한 교훈이다.

이순신은 자신의 아들들 또한 수군으로 복무시켰으나 어떠한 특혜도 주지 않고 그냥 보통의 수군 병사로 근무토록 했다. 그 누구보다 가족들을 사랑하고 아꼈으나 공적 업무에 있어서는 공과 사를 엄격히 구분했다.

지금 우리나라의 공직자들 중에서 과연 이순신처럼 공과 사를 정확히 구분하며 사는 이가 몇이나 될까? 그처럼 위아래를 가리지 않고 엄격한 원칙을 적용하는 사람은 또 얼마나 있을까? 정말로 이순신을 '영웅'이자 '위인'이라 추앙하면서 그를 본받고 싶다면 그가 지킨 철저한 원칙과 정도를 따라야 하지 않을까?

이순신의 신념과 행동을 제대로 따르지도 못하면서 그저 그가 싸워 이긴 승전의 이름과 연대만을 앵무새처럼 외운다면 그것이야말로 영웅을 욕보이는 공허한 짓일 것이다.

부록

충무공 이순신 연대표

1545. 서울 건천동에서 아버지 이정과 어머니 변 씨 사이의 삼남으로 출생. 오늘날의 양력으로 계산하면 출생일은 4월 28일.

1572. 무과 시험 도중 말에서 떨어져 낙방.

1576. 무과에 통과, 함경도로 발령.

1579. 한양으로 돌아와 훈련원봉사에 오름.

1580. 발포수군만호에 임명.

1582. 서익의 모함으로 파직, 5월에 훈련원봉사로 복귀.

1583. 함경도로 다시 발령. 그해 11월 15일 아버지 이정 사망.

1586. 함경도 경흥의 녹둔도를 지키는 조산만호(造山萬戶)가 됨.

1587. 9. 1 녹둔도의 추수를 감독하러 나간 사이에 여진족이 쳐들어와 조선 백성들을 납치해 감. 이순신이 추격하여 여진족을 죽이고 포로 50명을 구출 및 귀환.

1587. 10. 16. 녹둔도 사건 때문에 백의종군 처분을 받음.

1588. 1. 14. 여진족 토벌에 참가해 여진족 추장을 사로잡고 백의종군을 사면 받음.

1589. 1. 21. 이산해와 정언신 등 두 명의 고관으로부터 추천을 받음.

1589. 12. 1. 정읍 현감으로 임명.

1590. 8. 1. 진도 군수로 임명.

1591. 2. 13. 전라 좌수사로 임명.

1592. 4. 12. 거북선을 띄워 시범 항해를 성공적으로 마침.

1592. 4. 13. 부산포에 고니시 유키나가가 이끄는 일본군 18,700명이 상륙해 불과 하루 만에 부산성을 함락, 임진왜란 발발.

1592. 4. 15. 경상우수사 원균과 경상좌수사 박홍이 보낸 서신을 받고, 임진왜란 발발을 알게 됨. 곧바로 전라우수사 이억기에게 공문을 보내 전쟁이 일어났음을 알림.

1592. 4. 20. 영남관찰사 김수로부터 출정 요청 공문을 받음. 그러나 선불리 임지를 떠났다가 벌어질 불의의 사태를 우려해 선뜻 출정하지 못함.

1592. 4. 27. 좌부승지 민준으로부터 만약의 사태가 발생해도 본인 판단대로 할 것이며 조정의 명령에 구애받지 말라는 당부를 받고, 비로소 재량권을 얻어 출정을 결정함.

1592. 4. 30. 수군의 여러 장수들 앞에서 정식 출정을 선언하고, 전투 준비를 끝마치게 함.

1592. 5. 4. 85척의 전라좌수영 함대를 이끌고 옥포로 출정.

1592. 5. 7. 옥포에 도착해 26척의 일본 함대를 격침시키고, 합포에서 5척, 적진포에서 11척을 침몰시킴.

1592. 5. 9. 전라좌수영의 본영인 한산도로 귀환. 승리의 장계를 받은 선조 임금은 이순신에게 종 2품 가선대부의 품계 하사.

1592. 5. 29. 두 번째 출정. 노량진에 진을 친 일본군을 공격해 13척을 격침시키고 수많은 일본군을 사살.

1592. 6. 2. 당포로 출정해 수많은 일본 함대와 병사들을 전사시킴. 처음으로 거북선이 실전에 투입.

1592. 6. 4. 전라우수사 이억기가 이끈 전라 우수영 소속 25척의 함대와 함께 당항포로 출정.

1592. 6. 5. 당항포 해전에서 32척으로 구성된 일본 수군과 싸워 7명의 일본 장수를 죽이고, 수많은 적병과 배를 격파.

1592. 6. 7. 율포에서 일본 함대 5척을 발견하고 2척을 빼앗음.

1592. 7. 8. 견내량으로 출정해 73척의 일본 함대와 격전을 벌인 끝에 42척을 격침. 한산대첩.

1592. 7. 10. 안골포로 떠나 42척의 일본 함대와 싸워 적을 거의 전멸시킴.

1592. 7. 13. 전라좌수영 본영으로 귀환. 승리의 내용이 적힌 장계를 받은 선조는 이순신에게 정 2품인 정헌대부를, 이억기와 원균에게 종 2품인 가의대부의 품계를 내림.

1592. 9. 1. 일본군의 본거지가 된 부산으로 출정해 적선 백여 척을 격침시키고, 수많은 적병을 사살. 이날 전투에서 이순신의 부하 장수인 정운이 적의 총탄에 맞아 전사. 부산포 해전 이후 일본 수군은 조선 수군을 매우 두려워해 해전 금지령을 내릴 정도였음.

1593. 2. 22. 제포로 출정을 나가 일본 함대를 추격 중 조선 전함 2척이 좌초되는 피해를 입음.

1593. 3. 명나라는 일본과 휴전 협상에 들어가 일본군은 교두보인 부산을 지킬 약간의 병력만 남겨 놓고, 일본 본토로 철수함. 이후 전쟁은 약 4년 동안의 소강 상태에 들어감.

1593. 6. 22. 이순신은 새로운 함대의 건조(建造)에 들어감.

1593. 8. 15. 선조 임금에 의해 삼도수군통제사로 임명.

1593. 9. 15. 일본군으로부터 빼앗은 조총을 분해하고 다시 조립하는 과정을 거쳐 조총을 만드는 데 성공.

1594. 6. 5. 한산도에 무씨를 뿌리고 밭을 갈게 하여 자체적으로 식량 조달에 나섬.

1594. 11. 5. 13명의 일본군 투항병인 '항왜'를 받아들임.

1594. 11. 27. 항왜에게 조총 쏘는 연습을 시킴.

1594. 11. 28. 본영인 여수와 관할 고을에서 34척의 새 전함 완성.

1595. 12. 4. 부하 군관인 황득중과 오수 등을 시켜 청어 7천 마리를 잡아 옴.

1596. 1. 4. 부하 군관인 송한련과 송한 등이 청어 1,800마리를 잡아 옴.

1596. 1. 6. 오수와 박춘양 등이 청어 2,080마리를 잡아 옴. 같은 날 사도첨사 김완이 술을 가지고 와서 군량 5백 섬을 마련함.

1597. 1. 초순 일본군이 다시 침입해 정유재란이 일어남.

1597. 2. 26. 선조 임금이 일본의 이중 첩자 요시라가 흘린 거짓 정보인 "이순신이 나가서 싸우지 않았다"는 말과 원균의 모함에 빠져 이순신을 삼도수군통제사에서 파직, 원균을 새로운 통제사로 임명.

1597. 3. 4. 파직된 이순신은 한양으로 끌려가 모진 고문을 받았으나 정탁과 이원익 등의 탄원으로 인해 풀려나고, 백의종군 처벌을 받음.

1597. 6. 19. 원균이 안골포와 가덕도로 출정. 평산만호 김축과 보성군수 안홍국이 전사하는 피해를 입음.

1597. 7. 9. 부산으로 출정한 원균은 일본 함대 천여 척을 보고 겁이 나 도망치다가 20척의 전함을 잃는 피해를 입음.

1597. 7. 15. 칠천량에 머무르던 원균과 조선 연합 함대는 천여 척의 일본 함대가 벌인 기습을 받고 전군이 와해됨. 전라우수사 이억기와 충청수사 최호가 전사하는 등 대패를 당함.

1597. 7. 26. 도원수 권율이 선조 임금에게 다음과 같은 내용의 보고서를 보냄. 〈군관 최영길이 원균과 직접 만났는데, 살아난 원균은 진주로 향하면서 비록 조선 수군이 배는 많이 잃었으나 재빨리 도망치는 바람에 죽은 사람은 그리 많지 않다는 말을 했다고 함.〉 이후 원균의 생사는 알 수 없음.

1597. 8. 3. 이순신이 다시 삼도수군통제사에 복직.

1597. 9. 16. 이순신이 이끈 13척의 조선 수군과 133척의 일본 수군 간의 대전투가 벌어짐. 명량해협의 입구인 울돌목에서 오전 11시부터 시작해 해가 저물 때까지 전투가 계속됨. 이날 조선 수군이 기적 같은 대승리를 거둠. 명량대첩.

1597. 10. 14. 이순신의 셋째 아들 이면이 고향 아산을 습격한 일본군에게 죽임을 당함.

1598. 2. 18. 이순신이 조선 연합 함대의 본영을 고금도(古今島)로 옮김.

1598. 7. 16. 명나라의 수군 장수인 진린이 휘하 병력을 거느리고 이순신을 방문.

1598. 8. 18. 임진왜란을 일으킨 도요토미 히데요시(豊臣秀吉)가 죽자 일본군이 철수를 준비함.

1598. 11. 18. 일본군에게 최대한 많은 타격을 입혀 다시는 조선을 침범할 엄두를 내지 못하게 하기 위해 노량 앞바다에서 진린이 이끈 명나라 수군과 연합해 철수하는 일본군을 공격. 이틀 동안 벌어진 노량해전에서 조선 수군이 큰 승리를 거둠. 그러나 지휘 도중에 이순신이 일본군의 총탄에 맞고 이튿날 전사함. 그의 죽음을 확인한 선조는 우의정을 제수.

1598. 12. 11. 이순신의 시체를 넣은 장례 행렬이 그의 본관인 아산으로 이동.

1603. 10. 선조 임금이 이순신에게 1등 선무공신(宣武功臣)과 풍덕부원군(豊德府院君) 및 좌의정의 직위를 수여.

1643. 인조 임금이 이순신에 게 충무공의 시호를 내림.

1706. 아산 유생들의 상소로 숙종 임금이 이순신의 본관인 아산에 현충사를 건설하도록 지시하고, 직접 쓴 글씨를 내림.

1793. 정조 임금이 이순신에게 영의정 직위를 수여.

1795. 정조 임금이 이순신의 행적을 모두 기록한 책인 『이충무공전서』의 편찬을 지시.

참고문헌

도현신, 『옛사람에게 전쟁을 묻다』, 타임스퀘어, 2009.
———, 『이순신의 조일전쟁』, 행복한미래, 2012.
———, 『임진왜란, 잘못 알려진 상식 깨부수기』, 역사넷, 2008.
———, 『원균과 이순신』, 비봉출판사, 2008.
이순신, 노승석 옮김, 『난중일기』, 민음사, 2010.
유성룡, 김흥식 옮김, 『징비록』, 서해문집, 2003.
Alexei Nikolaievich Kuropatkin, 심국웅 옮김, 『러일전쟁』, 한국외국어대학교출판부, 2007.
이재범, 『원균을 위한 변명』, 학민사, 1996.
시바 료타로, 박재희 옮김, 『대망 34~36: 언덕위 구름』, 동서문화사, 2005.
허준, 『이순신과 이완용』, 카푸치노 문고, 2005.
김탁환, 『불멸』, 미래지성, 1998.
고정욱, 『원균』, 산호와진주, 2004.
박기봉 엮음, 『충무공 이순신 전서』 비봉출판사, 2006.

장군 이순신 「난중일기」를 통해 본 정도(正道)의 원칙

펴낸날 초판 1쇄 2013년 7월 19일

지은이 도현신
펴낸이 심만수
펴낸곳 (주)살림출판사
출판등록 1989년 11월 1일 제9-210호

주소 경기도 파주시 문발동 522-1
전화 031-955-1350 팩스 031-624-1356
기획 · 편집 031-955-4662
홈페이지 http://www.sallimbooks.com
이메일 book@sallimbooks.com

ISBN 978-89-522-2698-3 04080

책임편집 최진

085 책과 세계

강유원(철학자)

책이라는 텍스트는 본래 세계라는 맥락에서 생겨났다. 인류가 남긴 고전의 중요성은 바로 우리가 가 볼 수 없는 세계를 글자라는 매개를 통해서 우리에게 생생하게 전해 주는 것이다. 이 책은 역사라는 시간과 지상이라고 하는 공간 속에 나타났던 텍스트를 통해 고전에 담겨진 사회와 사상을 드러내려 한다.

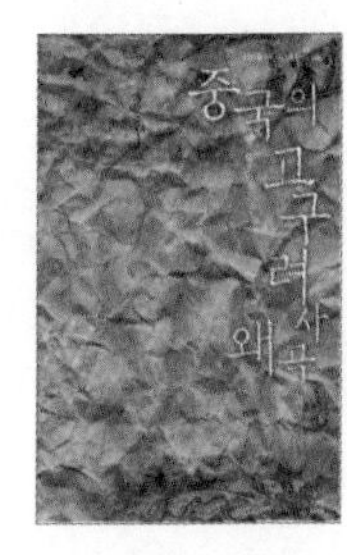

056 중국의 고구려사 왜곡 eBook

최광식(고려대 한국사학과 교수)

중국의 고구려사 왜곡의 숨은 의도와 논리, 그리고 우리의 대응 방안을 다뤘다. 저자는 동북공정이 국가 차원에서 진행되는 정치적 프로젝트임을 치밀하게 증언한다. 경제적 목적과 영토 확장의 이해관계 등이 복잡하게 얽혀 있는 동북공정의 진정한 배경에 대한 설명, 고구려의 역사적 정체성에 대한 문제, 고구려사 왜곡에 대한 우리의 대처방법 등이 소개된다.

291 프랑스 혁명 eBook

서정복(충남대 사학과 교수)

프랑스 혁명은 시민혁명의 모델이자 근대 시민국가 탄생의 상징이지만, 그 실상을 아는 사람은 많지 않다. 프랑스 혁명이 바스티유 습격 이전에 이미 시작되었으며, 자유와 평등 그리고 공화정의 꽃을 피기 위해 너무 많은 피를 흘렸고, 혁명의 과정에서 해방과 공포가 엇갈리고 있었다는 등의 이야기를 통해 프랑스 혁명의 실상을 소개한다.

139 신용하 교수의 독도 이야기 eBook

신용하(백범학술원 원장)

사학계의 원로이자 독도 관련 연구의 대가인 신용하 교수가 일본의 독도 영토 편입문제를 걱정하며 일반 독자가 읽기 쉽게 쓴 책. 저자는 역사적으로나 국제법상으로 실효적 점유상으로나, 어느 측면에서 보아도 독도는 명백하게 우리 땅이라고 주장하며 여러 가지 역사적인 자료를 제시한다.

144 페르시아 문화

eBook

신규섭(한국외대 연구교수)

인류 최초 문명의 뿌리에서 뻗어 나와 아랍을 넘어 중국, 인도와 파키스탄, 심지어 그리스에까지 흔적을 남긴 페르시아 문화에 대한 개론서. 이 책은 오랫동안 베일에 가려 있던 페르시아 문명을 소개하여 이슬람에 대한 편견과 오해를 바로 잡는다. 이태백이 이란계였다는 사실, 돈황과 서역, 이란의 현대 문화 등이 서술된다.

086 유럽왕실의 탄생

김현수(단국대 역사학과 교수)

인류에게 '예술과 문명' 그리고 '근대와 국가'라는 개념을 선사한 유럽왕실. 유럽왕실의 탄생배경과 그 정체성은 무엇인가? 이 책은 게르만의 한 종족인 프랑크족과 메로빙거 왕조, 프랑스의 카페 왕조, 독일의 작센 왕조, 잉글랜드의 웨섹스 왕조 등 수많은 왕조의 출현과 쇠퇴를 통해 유럽 역사의 변천을 소개한다.

016 이슬람 문화

이희수(한양대 문화인류학과 교수)

이슬람교와 무슬림의 삶, 테러와 팔레스타인 문제 등 이슬람 문화 전반을 다룬 책. 저자는 그들의 멋과 가치관을 흥미롭게 설명하면서 한편으로 오해와 편견에 사로잡혀 있던 시각의 일대 전환을 요구한다. 이슬람교와 기독교의 관계, 무슬림의 삶과 낭만, 이슬람 원리주의와 지하드의 실상, 팔레스타인 분할 과정 등의 내용이 소개된다.

100 여행 이야기

eBook

이진홍(한국외대 강사)

이 책은 여행의 본질 위를 '길거리의 철학자'처럼 편안하게 소요한다. 먼저 여행의 역사를 더듬어 봄으로써 여행이 어떻게 인류 역사의 형성과 같이해 왔는지를 생각하고, 다음으로 여행의 사회학적 · 심리학적 의미를 추적함으로써 여행에 어떤 의미를 부여할 것인가에 대해 말한다. 또한 우리의 내면과 여행의 관계 정의를 시도한다.

293 문화대혁명 중국 현대사의 트라우마

eBook

백승욱(중앙대 사회학과 교수)

중국의 문화대혁명은 한두 줄의 정부 공식 입장을 통해 정리될 수 없는 중대한 사건이다. 20세기 중국의 모든 모순은 사실 문화대혁명 시기에 집약되어 있다고 해도 과언이 아니다. 사회주의 시기의 국가 · 당 · 대중의 모순이라는 문제의 복판에서 문화대혁명을 다시 읽을 필요가 있는 지금, 이 책은 문화대혁명에 대한 안내자가 될 것이다.

174 정치의 원형을 찾아서

eBook

최자영(부산외국어대학교 HK교수)

인류가 걸어온 모든 정치체제들을 매우 짧은 기간 동안 시험하고 정비한 나라, 그리스. 이 책은 과두정, 민주정, 참주정 등 고대 그리스의 정치사를 추적하고, 정치가들의 파란만장한 일화 등을 소개하고 있다. 특히 이 책의 저자는 아테네인들이 추구했던 정치방법이 오늘 우리 사회가 당면한 문제를 해결할 수 있는 지혜의 발견에 도움을 줄 수 있을 것이라고 말한다.

420 위대한 도서관 건축순례

eBook

최정태(부산대학교 명예교수)

이 책은 도서관의 건축을 중심으로 다룬 일종의 기행문이다. 고대 도서관에서부터 21세기에 완공된 최첨단 도서관까지, 필자는 가능한 많은 도서관을 직접 찾아보려고 애썼다. 미처 방문하지 못한 도서관에 대해서는 문헌과 그림 등 가능한 많은 정보를 수집하려 노력했다. 필자의 단상들을 함께 읽는 동안 우리 사회에서 도서관이 차지하는 의미에 대해 다시 생각하게 된다.

421 아름다운 도서관 오디세이

eBook

최정태(부산대학교 명예교수)

이 책은 문헌정보학과에서 자료 조직을 공부하고 평생을 도서관에 몸담았던 한 도서관 애찬가의 고백이다. 필자는 퇴임 후 지금까지 도서관을 돌아다니면서 직접 보고 배운 것이 40여 년 동안 강단과 현장에서 보고 얻은 이야기보다 훨씬 많았다고 말한다. '세계 도서관 여행 가이드'라 불러도 손색없을 만큼 풍부하고 다채로운 내용이 이 한 권에 담겼다.

eBook 표시가 되어있는 도서는 전자책으로 구매가 가능합니다.

016 이슬람 문화 | 이희수
017 살롱문화 | 서정복 eBook
020 문신의 역사 | 조현설 eBook
038 헬레니즘 | 윤진 eBook
056 중국의 고구려사 왜곡 | 최광식 eBook
085 책과 세계 | 강유원
086 유럽왕실의 탄생 | 김현수 eBook
087 박물관의 탄생 | 전진성 eBook
088 절대왕정의 탄생 | 임승휘 eBook
100 여행 이야기 | 이진홍 eBook
101 아테네 | 장영란 eBook
102 로마 | 한형곤 eBook
103 이스탄불 | 이희수 eBook
104 예루살렘 | 최창모 eBook
105 상트 페테르부르크 | 방일권 eBook
106 하이델베르크 | 곽병휴 eBook
107 파리 | 김복래 eBook
108 바르샤바 | 최건영 eBook
109 부에노스아이레스 | 고부안 eBook
110 멕시코 시티 | 정혜주 eBook
111 나이로비 | 양철준 eBook
112 고대 올림픽의 세계 | 김복희 eBook
113 종교와 스포츠 | 이창익 eBook
115 그리스 문명 | 최혜영
116 그리스와 로마 | 김덕수 eBook
117 알렉산드로스 | 조현미
138 세계지도의 역사와 한반도의 발견 | 김상근 eBook
139 신용하 교수의 독도 이야기 | 신용하
140 간도는 누구의 땅인가 | 이성환 eBook
143 바로크 | 신정아 eBook
144 페르시아 문화 | 신규섭 eBook
150 모던 걸, 여우 목도리를 버려라 | 김주리 eBook
151 누가하이카라여성을데리고사누 | 김미지 eBook
152 스위트 홈의 기원 | 백지혜 eBook
153 대중적 감수성의 탄생 | 강심호 eBook
154 에로 그로 넌센스 | 소래섭 eBook
155 소리가 만들어낸 근대의 풍경 | 이승원 eBook
156 서울은 어떻게 계획되었는가 | 염복규 eBook
157 부엌의 문화사 | 함한희
171 프랑크푸르트 | 이기식 eBook
172 바그다드 | 이동은 eBook
173 아테네인, 스파르타인 | 윤진 eBook
174 정치의 원형을 찾아서 | 최자영 eBook
175 소르본 대학 | 서정복 eBook
187 일본의 서양문화 수용사 | 정하미
188 번역과 일본의 근대 | 최경옥
189 전쟁국가 일본 | 이성환 eBook
191 일본 누드 문화사 | 최유경
192 주신구라 | 이준섭
193 일본의 신사 | 박규태 eBook
220 십자군, 성전과 약탈의 역사 | 진원숙
239 프라하 | 김규진 eBook
240 부다페스트 | 김성진 eBook
241 보스턴 | 황선희
242 돈황 | 전인초 eBook
249 서양 무기의 역사 | 이내주
250 백화점의 문화사 | 김인호
251 초콜릿 이야기 | 정한진
252 향신료 이야기 | 정한진
259 와인의 문화사 | 고형욱
269 이라크의 역사 | 공일주
283 초기 기독교 이야기 | 진원숙
285 비잔틴제국 | 진원숙 eBook
286 오스만제국 | 진원숙 eBook
291 프랑스 혁명 | 서정복 eBook
292 메이지유신 | 장인성
293 문화대혁명 | 백승욱 eBook
294 기생 이야기 | 신현규 eBook
295 에베레스트 | 김법모 eBook
296 빈 | 인성기 eBook
297 발트3국 | 서진석 eBook
298 아일랜드 | 한일동
308 홍차 이야기 | 정은희 eBook
317 대학의 역사 | 이광주
318 이슬람의 탄생 | 진원숙
335 고대 페르시아의 역사 | 유흥태
336 이란의 역사 | 유흥태
337 에스파한 | 유흥태
342 다방과 카페, 모던보이의 아지트 | 장유정
343 역사 속의 채식인 | 이광조
371 대공황 시대 | 양동휴 eBook
420 위대한 도서관 건축순례 | 최정태 eBook
421 아름다운 도서관 오디세이 | 최정태 eBook
423 서양 건축과 실내 디자인의 역사 | 천진희 eBook
424 서양 가구의 역사 | 공혜원 eBook
437 알렉산드리아 비블리오테카 | 남태우 eBook
439 전통 명품의 보고, 규장각 | 신병주 eBook
443 국제난민 이야기 | 김철민 eBook

㈜살림출판사
www.sallimbooks.com
주소 경기도 파주시 문발동 522-1 | 전화 031-955-1350 | 팩스 031-955-1355